教材設計マニュアル

独学を支援するために

鈴木克明 著

北大路書房

序　文

　本書は，学校や大学，あるいは企業で教えることにたずさわっている人，あるいはこれから教えることにたずさわろうとしている人に向けて，「教えるとは学びを助けることである。学びを助けるためには相当の準備が必要であり，また，相当の準備が可能である」というメッセージを伝えるために書かれたものです。アメリカにおける教育工学実践の中核となるインストラクショナルデザイン（ID）の基礎を，実習によって学ぶ入門書です。

　人に何かを教える，という仕事には創意工夫がたいせつで，マニュアルどおりにはいかない奥深さがやりがいをもたらします。その反面，ひと握りの天才たちや経験を十分に積んだベテランでなければうまく教えられないとしたら，天賦の才能も長年にわたる経験もない（？）私たちには「教える」ことはできなくなってしまいます。教育工学では伝統的に，ベテランの技のうちの「輸出可能な（exportable）」部分を万人が使いやすい形に抽出しようとする姿勢を持っています。本書のタイトル「教材設計マニュアル」とは，これを読めば誰でも同じ教材になる，という意味ではなく，初心者をガイドして最低限の品質に達する手助けをするという意味が込められています。

　本書を用いた科目で実際に教材作りを体験した方からは，「教材を作ることがこんなにたいへんだとは思わなかった」という感想が寄せられている一方で，「どうすれば確実に教えられる教材が作れるのか，その方法がわかった。早く教えてみたい」という感想も聞こえてきます。手間はかかるけれど，素人の私たちでも着実に教えることができるようになる。そんな道に案内したいと思います。

　授業といえば一斉指導，教え方といえば黒板の使い方と説明や発問の方法といったイメージがこれまでの教育方法でした。学校でそういう授業を受けすぎた結果でしょうか，企業内教育でも，また生涯学習の講習会でも，インストラクターの話を聞いて学習する，というやり方が多く見受けられます。しかし，それはあまり効果的なやり方ではないようです。話を聞いているときは楽ですし，わかった気になるところまではよいのですが……。

本書では,「独学を支援する」という目的に使うプリント教材作成を例にあげています。情報社会にあっても教材作りのノウハウの多くは,このシンプルかつパワフルな「印刷メディア」を作成することで学べます。ここまでやれば,一斉指導をしなくても,説明抜きの自学自習にも耐えられる教材になる,という方法論を紹介しています。この方法を一度会得すると,一斉指導の準備をするのがとても簡単に思えますし,一斉指導をしないで教える方法もみえてきます。さらに,プリント教材との違いに着目すれば,マルチメディア教材作りやWeb教材作りにも応用可能なノウハウがたくさんあります。

　最初は面倒に思えるかもしれませんが,最後まで一度おつきあいください。教材を見る目も養われることまちがいなしですから。

2002年3月吉日

鈴木　克明

謝　辞

　本書は，とても多くの人たちの支えによって形になりました。時間と手間をかけてたくさんの教材を自作した受講生諸氏，本書自体がわかりやすい「独学を支援する教材」のよい見本になっているとすれば，それは皆さんの作品と質問のおかげです。

　本書の構成は，筆者がフロリダ州立大学に留学中にみずから体験した教材作りの教科書（Dick, W. & Carey, L.（1978）*The systematic design of instruction*. Scott, Foresman and Company）とその続版（1985年の第2版，1990年の第3版，1996年の第4版）を参考にしました。留学中にお世話になった先生方，特に教材作りと教材作りを支援する教材の書き方を教えてくださったディック教授と「ID理論の父」ガニェ教授，ARCSモデルの生みの親ケラー教授に本書を捧げます。また，フロリダ州立大学行きをすすめてくださった中野照海先生（国際基督教大学）と留学の機会を与えてくださった国際ロータリー財団，そして，「教えた」と「教えたつもり」の違いを教えてくださったばかりではなく，本書を丹念に読んでご指導をくださった沼野一男先生の学恩がなければ，本書は存在しませんでした。

　さらに，井口　巖・鷲尾幸雄・市川　尚・真壁　豊の各氏（東北学院大学），向後千春氏（富山大学）や河村一樹氏（当時宮城大学），山本紀久子・脇田里子の両氏（福井大学）からはさまざまなコメントを寄せていただきました。特に記して感謝します。

　本書は，自分の担当講義にこそ自分の専門である教育工学的手法（ID）を応用しなければならないとの思いから工夫を重ね，1995年度の講義テキストとしてDTP出版した講義資料『独学を支援する教材設計入門～教えることの奥深さと糸口を知るために～』を原点としています。それ以来，数々の改良を重ねてきました。知人のネットワークをたどりながら，さまざまな方々の手にわたり，出版すべきだとの応援をいただきました。このたび，北大路書房の奥野浩之さんのお世話で，広く世に問う機会に恵まれました。わかりにくい点や修正案など，本書の改善に向けての積極的なコメントをお待ちしています。

鈴木　克明
ksuzuki@kumamoto-u.ac.jp

目次

序文
謝辞
本書の使い方

第1章 教材をイメージする ……………………………………… 1

● 学習目標 …………………………………………………………… 1
背景　　1
教材　　2
教材の4条件　　3
事例　　5

第1章のまとめ　　7
練　習　　8
フィードバック　　9

第2章 教材作りをイメージする ………………………………… 13

● 学習目標 …………………………………………………………… 13
背景　　13
Plan-Do-See　　14
システム的な教材設計・開発の手順　　16
事例　　19

第2章のまとめ　　20
練　習　　21
フィードバック　　22

第3章 教材の責任範囲を明らかにする ～出入口の話～ ……… 23

● 学習目標 …………………………………………………………… 23
背景　　23
学習目標　　24

事前／事後テスト　25
　　　前提テスト　26
　　　学習目標の明確化　27
　　　事例　31
　第3章のまとめ　34
　　　練　習　35
　　　フィードバック　36

第4章　テストを作成する　39

学習目標　39
　　　背景　39
　　　相対評価と絶対評価　41
　　　学習課題の種類：認知・運動・情意領域　43
　　　言語情報と知的技能とそのテスト　44
　　　運動技能とそのテスト　45
　　　態度とそのテスト　46
　　　ペーパーテストの形式　49
　　　事例　51
　第4章のまとめ　52
　　　練　習　54
　　　フィードバック　55

第5章　教材の構造を見きわめる　61

学習目標　61
　　　背景　61
　　　課題分析　62
　　　クラスター分析：言語情報の課題分析　62
　　　階層分析：知的技能の課題分析法　64
　　　手順分析：運動技能の課題分析法　65
　　　態度の課題分析法　66

contents

  課題分析図を用いた出入口の再チェック 69
  事例 70
 第5章のまとめ 71
  練 習 72
  フィードバック 73

第6章 独学を支援する作戦をたてる 77

 学習目標 77
  背景 77
  導入−展開−まとめ 78
  ガニェの9教授事象 79
  導入：新しい学習への準備を整える 80
  展開：情報提示と学習活動 81
  まとめ：出来具合を確かめ，忘れないようにする 81
  チャンク 82
  指導方略表 84
  学習課題の種類と指導方略 86
  事例 88
 第6章のまとめ 90
  練 習 91
  フィードバック 92

第7章 教材パッケージを作成する 95

 学習目標 95
  背景 95
  プリント教材の長所と短所 96
  独学を助ける工夫 98
  教材パッケージ 100
  形成的評価の7つ道具 101
  事例 104

第7章のまとめ　108
　練　習　109
　フィードバック　110

第8章　形成的評価を実施する　113

学習目標　113
背景　113
形成的評価と総括的評価　114
学習者検証の原則　115
形成的評価の3ステップ　116
1対1評価実施の留意点　120
事例　122

第8章のまとめ　124
　練　習　125
　フィードバック　127

第9章　教材を改善する　129

学習目標　129
背景　129
教材の改善　130
形成的評価の結果解釈　131
教材改善の手順　132
改善のコスト効果　134
事例　135

第9章のまとめ　137
　練　習　138
　フィードバック　140

第10章 おわりに ……………………………………………………… 145

学習目標 ………………………………………………………………… 145

背景　145
情報活用能力と独学を支援する教材　146
これからの学校と独学を支援する教材　149
「リーダー」としての教師　152
要求されないことをやり続ける意志の力　153
「教える」の2つの意味　154
これから，ここから　156
復習の3つの方法　157

資料 …………………………………………………………………… 161

教材を自作して報告書を作ろう　162
教材企画書の書き方　164
教材企画書の相互チェック　166
7つ道具チェックリスト　168
教材作成報告書の書き方　170
教材改善のためのチェックリスト　172
教材改善に役立つ　ケラーのARCSモデル　176
教材の魅力を高める作戦　ARCSモデルに基づくヒント集　178
講義シラバス例　180
企業などにおける研修計画例　182

参考文献
索引

本書の使い方

■初めて独学で教材作りにチャレンジする方へ

　本書は，教材作りに初めてチャレンジする方を想定して，教材のイメージ作り（第1章）から教材の改善（第9章）までを一歩ずつ（独学で）進めることができるように構成されています。一通りやってみようと思う方は，第1章から順番に進めてください。大学での講義（半期2単位）を想定していますので，30時間から（講義1時間に対して自習2時間と考えれば）90時間程度の時間が必要だ，と考えてください。

　各章は，それぞれ，【学習目標】【背景】【キーワード】【事例】【章のまとめ】【練習】【フィードバック】の7つで構成されています。【学習目標】を読んでこの章で学ぶべきことを頭に入れたら，【背景】【キーワード】【事例】【章のまとめ】と読み進んでください。内容が理解できたかどうかは，そのあとの【練習】に解答して確かめてください。【フィードバック】には，あなた自身が自分の解答を採点するときの参考資料があります。理解が不足していると思う箇所は，章の該当箇所を復習して次に進んでください。

　巻末の資料には，教材作りのプロセスを3つに分けて，それぞれでまとめるレポートについての説明があります。教材企画書（第4章までで1つ），教材パッケージ（第5〜7章で1つ），教材作成報告書（第8・9章で1つ）のレポートを書いてみると，理解が深まるでしょう。「相互評価」が組み込まれていますので，可能であれば，本書をともに学ぶパートナーを探して，一緒に勉強を進めることをおすすめします。ひとりの場合は，自分自身でやったことを客観的に点検する目を持つことで，パートナー役も自分で演じてみましょう。

■ノウハウを「つまみ食い」したい方へ

　独学を支援する教材作りのプロセスには，各章の初めの図が示すとおり，大きく次の4つが含まれています。本書を利用して，これらのことについてだけ学ぶ（つまみ食いをする）ことができます。

1）独学を支援する教材をイメージする（第1・2章）
2）テストの役割を知りテストを作成する（第3・4章）
3）教材パッケージを設計し，作成する（第5〜7章）
4）教材を試用してもらい，改善する（第8・9章）

　1）は，本書で扱う「独学を支援する教材」とはどんなものかをイメージして，その作成過程を大まかにつかむ導入部です。本文だけを読んでイメージがつかめれば，練習問題をやる必要はないでしょう。第1章で説明している「教材の4条件」は，初心者が取り組みやすい条件を想定しているものです。特に，条件3の学習に要する時間は，1時間程度でなくても，本書の内容は十分に応用可能です。状況に応じて，課題を設定してください。

　2）は，前提，事前，事後テストの役割（第3章）とテスト作成（第4章）です。この部分を学ぶと，テストが作れるようになります。テストがすでに作成されている場合は，この部分を飛ばすことができます。

　3）は，プリント教材の構成を考え（第5章），学びやすい教材の要素を洗い出し（第6章），そして実際に教材とその付属品を作成する（第7章）部分です。すでに教材があってそれを試してみたい，という方は，第7章だけを読んで「形成的評価の7つ道具」（付属品）を作成して，次に進みましょう。

　4）は，教材を試用してもらい，改善するためのデータを集め（第8章），改善の方法を考える（第9章）部分です。すでに手もとに教材があって，どの程度効果的なものかを確かめてみたい場合，ここからスタートすることもできます。

　それぞれの部分に対応して，巻末の資料に3つの課題が準備されています。1）と2）を読んで「教材企画書」を作成すると，教材の計画が完成します。3）を読んで「教材パッケージ」を完成させると，教材とその付属品が完成します。4）を読んで「教材作成報告書」に取り組むと，教材の改善のための報告書が完成します。それぞれの状況に応じて，部分的にでも本書を活用していただければ幸いです。

■「独学」に違和感を持った方へ

「教材でなく授業の設計をしたい」「独学でなく一斉指導をやっている」という人には，本書に取り組む前に，第10章をさきに読むことをおすすめします。なぜ独学なのか，なぜ教材なのかがおわかりいただけると思います。この情報時代において，独学を支援するプリント教材を作れることがどれほどたいせつなことかが了解できれば，本書を用いた学習に意欲的に取り組むことができるでしょう。自分の仕事とのつながりもみえてくると思います。

■今は教材を作っているヒマがない方へ

実際に教材を作らないで，良質な教材を作るスキルは身につきません（本書はそれを可能にするほどにすばらしいテキストではありません）。しかし，その時間が確保できるまでは，教材を作らなくてもいいですから，本書を読み進めてください。読むだけで，教材をどう作っていったらよいかについての「知識」を身につけることができます。知識が身につけば，よい教材とわるい教材を見分ける力はつくでしょう。それだけでも，大いに役に立つと思います。また，本書を読むだけでは教材を作れるようにはなりませんが，「教材を作ってみたい」と思えるかもしれません。そうなったら，いつか時間を確保して，ぜひ，教材の自作にチャレンジしてください。

■インストラクターへ

本書は，自学自習で進めることを前提に，大学の講義でも企業の研修（あるいは小中高大学教員向けの教員研修）でも使えるように工夫されています。本書をまずわたして，「これで勉強してきてください。次に会うときは（研修を始めるときは），テストで理解度を確認することから始めます」と高らかに宣言してください。受け身の学習を乗り越えて，主体的な学習がそこから始まります。しゃべるインストラクターから学習を側面支援するインストラクターへ脱皮することができます。その経験者によって主体的な学習が広がること（あなたの学生や受講者がしゃべらないインストラクターになること）が，本書のめざすことでもあります。

理解度を確認するためのテストは，各章の練習問題を参考に作ることができ

ます。本書の内容が把握できる人ならば，誰でも解ける問題を出題してください。筆者自身が使っているテストを希望する方は，直接ご請求ください。学生や研修受講者に見られないよう，本書には収録されていません。

　巻末の資料には，大学の講義（半期15回）で本書を使用する場合と，企業などの研修（3日間集中）での場合のシラバス／研修計画例を収録しましたので，参考にしてください。

■最後に

　本書第5章で紹介している教材の構造分析を使って，本書で学習できる内容の前後関係を図示してみました。各章の冒頭の案内図とともに，本書のナビゲーターとしてお使いください。

本書の使い方 | xv

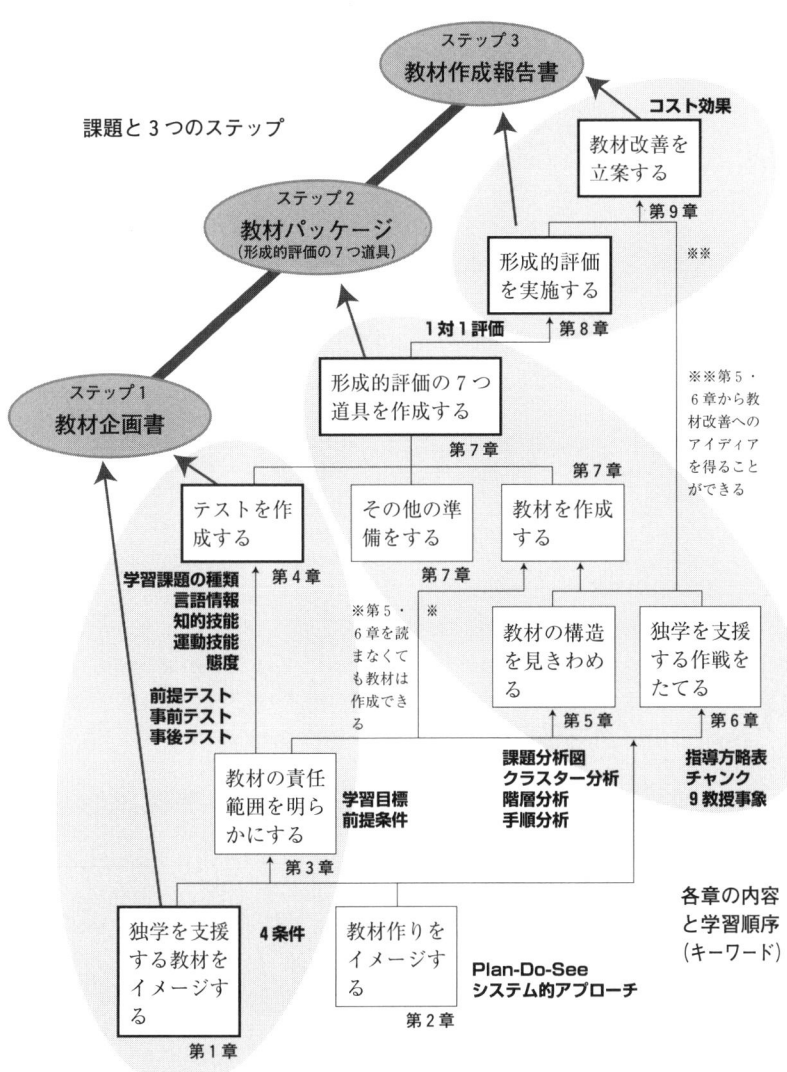

図　本書の構成と多様な学習順序（課題分析図）

第1章　教材をイメージする

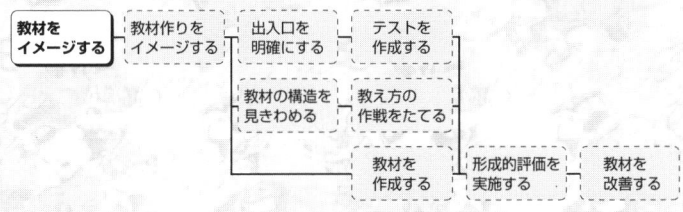

> **学習目標**
> 1. 「独学を支援する教材」とは何かを自分の言葉で説明できるようになる。
> 2. 教材で取り上げる内容を「教材の4条件」で点検できるようになる。

● 背景

　「教材」という言葉を聞いたとき，どんなものをイメージするでしょうか。これまで学校で受けてきた授業をふり返ると，先生がさまざまな教材を使っていたことが思い出されるでしょう。歴史の授業で見たスライド，数学の問題プリント，理科の解剖で使った「カエル」，まだまだ他にもあります。また，学校での勉強を補うために自宅で自学自習したときにも，本屋さんからいろいろな種類の教材を手に入れたことでしょう。教科書に添って詳しい説明を書いた教科書ガイド，要点を整理した参考書，過去の入試問題などを集めた問題集などがあります。漢字練習に使った「5分間ドリル」などというものもありましたね。あるいは，何か新しい機器を購入したときについてくる説明書やガイドブックも教材の1つです。

　何か勉強をしようと思うときに，いろいろな形でお世話になるのが「教材」ということになるわけです。教材については，これまでの学習経験からさまざ

まなイメージを持っていることと思います。ここでは，そのイメージを整理して，「独学を支援する教材」を取り上げます。

教材

　一般的には，教材とは，「ある人が何かを教えようと考えて，そのための材料として用意するもの」を意味します。「ある人」とはここでは，この本を読んで教材作りについて学ぼうと考えているあなたのことです。「何か」とはここでは，学校で教える社会や英語といった授業で扱うことだけではありません。もちろん，歴史などあなたが専門として学んでいる学問領域も含まれますし，会社で営業マンに新製品の情報を伝える場面，得意な料理や趣味の分野，取り扱い説明書，あるいは，サークル活動やアルバイトで後輩（新入り）に伝えたいことなども対象になります。

　独学を支援するとは，あなたが教えたいと思っているその何かを新しく学ぼうとする人が，自分ひとりで，あなたの作る教材を相手にして，自学自習できるようにすることを意味します。あなたが先生になって直接誰かに教えるときに使う補助資料をイメージするのではなく，教えたいことのすべてを教材に託して，あなたのいないところで自分で学ばせるガイドブックをイメージしてください。学校で使うものでなく，自宅で使わせるものを，あるいは一斉授業ではなく自習で使うものを考えればよいでしょう。

　独学を支援するという以上，ただ「これを覚えておくように」といってあとは学ぶ側にすべてを任せるだけでは不十分です。それでは「支援」にはなりません。ここで考える教材には，学ぶ内容を列挙するだけでなく，どうやってそれを身につけたらよいのかのヒントを提供するなど，独学を確実に支援するための工夫を盛り込む必要があります。あなたの「これを教えたい」という思いを，いっぱいに乗せたメッセンジャー，それが「独学を支援する教材」なのです。

教材の4条件

ここでは，教材作りの初心者が「独学を支援するための教材」を無理なく体験できるように，4つの条件を設定します。次の条件に合うように取り上げる内容を決めてください。

1──自分がよく知っている内容／よくできることか？

「あることを学ぶ最良の方法は，それを人に教えることだ」と言われます。人に教えようとするときに，初めて自分でも深く学ぶことができるという意味です。しかし，教材作りの初心者にとっては，自分が学ぶことと人にどうやって教えたらいいかということの2つを同時に考えることはむずかしすぎます。まず，教材の内容を選択するときには，自分がよく知っていることを選択しましょう。そうすれば，**教えるための工夫に専念**できます。

教材で取り上げる内容は，もちろん，学校での授業や免許を受ける教科とは無関係に自由に選択してかまいません。自分が得意としていること，これならば人に教えられると思うことを探してみましょう。それと同時に，自分はどうやってそれをマスターしたのか，自分の学習体験をふり返ってみるのもたいせつなことです。そこから，人に教えるためのヒントがつかめるかもしれません。

2──教材作りの協力者が得られるか？

ここでいう「協力者」とは，教材が完成したときにそれを使ってあなたが教えたいと思っていることを**実際に学ぶ必要のある人**のことです。そのうえ，教材作りがおよそ完成したところで，教材がうまく教えられるものになっているかどうかを確かめるために，数時間の協力をしてくれる人です（この作業は「形成的評価」と呼ばれるもので，詳しくは第8章に説明があります）。学ぶ必要がある人で，協力を惜しまない，という意味で「協力者」と呼べる人，つまり実験台になってくれる人がまわりにいるかどうか探してください。最低1人，できれば2～3人は確保したいところです。

教材作りの「協力者」といっても，あなたにアドバイスを与えてくれる先輩などではないことに注意してください。教材を作る過程で何回か，教材作りを

進めている人どうしでお互いの教材を点検することになります。この点検作業でアドバイスをもらう人のことを**「点検者」**と呼ぶことになります。点検者は，あなたの助っ人として，教材作りを手助けすることになりますから，あなたが教えたい内容をよく理解している人がふさわしいことになります。一方で，協力者には，あなたが教えたい内容をまだ理解していない人を選ぶことがたいせつです。それは，教材が独学を支援できるかどうかは，これから学ぶ人に使ってもらわなければわからないからです。

「協力者」になってもらう人は点検者とは別の人を確保しなければならない理由がもう１つあります。それは，点検者には教材作りの途中で教材のいわば「舞台裏」をチェックしてもらうので，教材のネタを知られてしまうことです。「協力者」を確保するためには，あなたが教えたいと思っていることをまだ知らない人に声をかけて「教材ができたら試してみてね」と予約だけしておいて，どんな教材を作っているかは秘密にしておく必要があります。**教材作りの舞台裏を見せてはいけません。**

3──短時間で学習できるか？

一口に「独学を支援する教材」といっても，その規模はさまざまです。10分間で暗記できるようなものから，数週間，数か月の独学が必要なものまであります。あなたが教えたいと思うことには，自分が何年もかけて学んできた奥の深いものかもしれません。しかし，教材作りの初心者には，そのすべてを一度に教えようとすることは荷が重すぎます。自分が教えたいと思うことのごく一部，ほんの一握りだけを教えることをまず考えましょう。

教材の学習時間としては，**１回完結で１時間以内**を目安としましょう。あなたの作る教材を手渡された人が，独学で１時間程度を費やせば身につけられるような内容を考えてください。教材の中身に一通り目をとおす時間だけでなく，内容を理解したり，覚えたり，練習したりする時間も含めて１時間程度という意味です。

4──個別学習教材で，教材が「独り立ち」できるか？

「独学を支援する教材」を考えるときの最大の難関は，「独学」という点にあ

ります。つまり，教材作成者のあなたが**手や口をまったく出さずに**，学習者が1人で教材を見ながら学習を進めることができるか，あなたが教えるのではなく教材が教えるようなものにできるか，という点です。このきわめてむずかしい条件，つまり教材が「独り立ち」することを，あえて教材作りの最後の条件とします（この条件を重視する理由については，第10章「おわりに」に説明があります）。

　「独学」を助けるためには，何が必要でしょうか。家庭教師のようにつきっきりで手取り足取り教えるのであれば，その場で，柔軟に対応することができます。出来具合を見ながら，教える方がリードして学習を進めさせることができます。しかし，「独学」では，家庭教師の**あなたはその場にいることができません**。「ここではこんな風にはげますのに」とか，「これができないようだったらこんな説明を加えてあげるのに」とか，「この程度できたら次に進ませてあげよう」とか思うことは，すべてあらかじめ考えて，その思いを教材に託す必要があります。言いたいこと，やってあげたいこと，見ていたいことはすべて教材に入れ込んで，教材を使う人が自分自身で「先生役」をしながら学習を進められるように工夫することが求められます。

　あなたが教えてみたいと思っていることは，教材の中にどのような工夫を凝らせば「独学」することができるようになるでしょうか。**教材を「独り立ち」させて，あなたの思いを伝えるメッセンジャーとしての役割を立派に担わせる**ためには，どんな教材にすればよいでしょうか。こんな教え方を工夫することで「独学」に耐えられる教材にしていくというイメージを作っておきましょう。

事例

　では，これまでに作られた教材の1つ「釣り入門」を手がかりに，「独学を支援する教材」のイメージと教材の4条件について考えてみましょう。

　史学科で中学校の社会科の教師をめざしている大場君は大の釣り好きで，今まで自分が楽しんできた釣りの世界に友だちを誘ってみたいという気持ちから，「釣り入門」を教材作りの候補ナンバーワンに挙げた。しかし，釣りのことを友

だちに教えるためには，川や沼や海に実際に連れて行き，餌のつけ方や竿の振り方，あるいは魚が釣れるポイントなどをその場で手取り足取り教える必要があることに気づいた。その場で手取り足取り教えるのでは，今回の教材，つまり「独学を支援する教材」にはならない。そこで，釣りに関係することで，自学自習できることは何かないかと考えた。魚や釣り道具についての基礎知識ならば「覚える」だけなので大丈夫だ。「あらかじめ覚えておいてもらえば，現地で説明する手間も省ける。現地でなくても一人でできること，そうだ，釣り竿に触ってもらうことは家でもできる。ついでに餌もつけられるようになっていてもらえれば完璧だ」。

教材の内容についてイメージができた大場君は，自分の考えた題材が教材の4条件に合致しているかどうかを確かめてみた。

1　自分がよく知っている内容／よくできることか？

これは大丈夫。長年趣味としてやってきたことだし，自信もある。釣りに関しては，ちょっとしたプロのつもりだ。友人に教えて仲間を増やしたい，という気持ちもある。

2　教材作りの協力者が得られるか？

これも大丈夫。大学の同級生仲間に釣りには興味があるけれど，一度もやったことがない人が何人かいる。教材が終わったら一緒に釣りに連れて行くという条件であれば，協力してもらえるだろう。餌や竿はもちろんこちらで用意するつもりだ。

3　短時間で学習できるか？

魚や釣りについての基礎知識については，最低必要なものを厳選すれば大丈夫だろう。第一，最初からごちゃごちゃした言葉があまりたくさんでてきて「もう釣りはやめた」と言われては困る。釣りの実技については，1時間で魚が釣れるようになるまでにもっていくのは無理だ。でも，餌のつけ方や竿の振り方を練習させることぐらいはやってみたい。実際に竿を握ると，釣りに行きたい気持ちにもなってくれると思うから。

4　個別学習教材で，教材が「独り立ち」できるか？

基礎知識については，魚や道具の形と名前が結びつくように，イラストを多

く使ったものにする。覚えられたかどうかを自分で確かめながら次に進めるように，何か所かクイズも取り入れるのがいいかな。技術面は，場面を図解して視覚的なポイントがつかめるように工夫する。長々とした説明が続かないようなものにしないと興味を持って教材を使ってもらえないだろう。また，教材を読むだけでなく，餌や竿を用意して，実演練習してもらう必要がある。道具は僕のものを使わせればいい。一人でする練習をどうやって手助けしたらいいのか不安だが，「できるようになった」と思ってもらえる工夫を盛り込みたい。自分がもし直接教えるとして，そのときに説明するような「やり方のコツ」を教材に書いてみるのはどうだろうか。あるいは，練習をゲーム仕立てにしてみようか。

　大場君は，ここまで検討した内容を教材計画の1つ目のアイデアとしてまとめ，次のアイデア探しにとりかかりました。釣りのほかに，自分には何が教えられるだろうか？　さて，あなたなら，何を教えてみたいと思いますか？　どんな教材を作ってみたいと思いますか？

第1章のまとめ

　あなたが教えたいと思っている何かを新しく学ぼうとする人が，自分ひとりで自学自習できる教材を「独学を支援する教材」といいます。独学を支援するという以上，独学を確実に支援するための工夫を盛り込む必要があります。

　教材の4条件は次のとおりです。次の条件に合うように取り上げる内容を決めてください。
1　自分がよく知っている内容／よくできることか？
2　教材作りの協力者が得られるか？
3　短時間で学習できるか？
4　個別学習教材で，教材が「独り立ち」できるか？

練習

1. 「独学を支援する教材」でイメージするものを，あなたの過去の体験から考えてください。また，何ゆえそれがイメージされたのかの理由を自分の言葉で表現してみましょう。それはあのときの××のようなもの，なぜなら××だからという形で答えること。

2. 教材の4条件について検討してみましょう。次にあげる事例には，教材の4条件に適さない箇所（可能性）が含まれています。それぞれの事例について，何が条件にあわないかを適さない条件の番号で答え，それぞれに対して理由を書きなさい。1つの事例について，適さない条件が複数の場合もあることに注意すること。
   - （あ）キャッチボールができるようになることを支援する教材
   - （い）筋力トレーニングで筋力アップすることを支援する教材
   - （う）東北地方の県庁所在地を覚えることを支援する教材
   - （え）楽しく麻雀ができるようになることを支援する教材
   - （お）テニスの試合ができるようになることを支援する教材

3. 自分が作ってみたいと思う教材の内容を3つ考えてみましょう。まず，誰にどんなことを教えたいのかを簡単に書きなさい。その次に，教材の4条件に照らし合わせて，その内容がふさわしいものかどうかを検討しなさい。その結果を，条件ごとにまとめて（番号を付して）簡潔に書きなさい。3つの内容について，この作業をしてみましょう。ただの練習と考えずに，実際に自分がこれから作る可能性のある教材を念頭に置くこと。

フィードバック

1．何か自分の体験の中から「これぞ独学を支援する教材」といえるものが見つかりましたか？

　例えば問題集。問題だけで正解がのっていないものでは，自学自習できない。自分で出した答えが合っているかどうか確かめられないから。答えも正解だけがのっているのでは，まちがえたときどこがどう違うのかわからないで結局誰かに聞かなければならない（これはものによるけど）。答えがなくても，教科書にそった問題集なら，教科書を見ながら自学自習できるかもしれない。

　でも，答えがどこかにあると，つい問題を解く前に見たくなる。自学自習とはむずかしいものですね（とくにここみたいにとなりのページにあると…）。

　■答えの例

　　受験で使った数学の問題集。問題の脇にはヒントがあり，まずそれは隠して解いてみた。解けなければヒントを見て再挑戦した。それでもだめならばうしろの解答のところの解説が充実していて参考になった。自分だけでどんどん進めることができたから。

　　　　（そういう体験のある人にとってはこれが正解。自分の体験に基づいてこんな書き方で書いてあればそれが正解）。

2．（あ）　4の条件に違反。理由は，キャッチボールは2人以上でないとできないので，個別学習教材にはならない。壁に向かって「ボールを投げるコントロールをつける」ことや壁から跳ね返ってきた（あるいは守備練習マシーンから出された）「ボールをグローブで受ける」ことを教えるのなら，一人でできる（個別学習教材になる）可能性はまだある（しかしむずかしそう）。

　　（い）　3の条件に違反。理由は，短時間での筋力アップはむずかしい，数週間から数か月のトレーニングの結果，やっと筋力アップを確認できる。自分の筋肉の状態を把握し，自分にあった筋力アップトレーニングのメニューを作ることならば短時間でできる。実際に筋力をアップさせるのとは違う。

（う）　2の条件に問題がある。理由は，すでに知っている人が多い。また，知らなくても，問題から正解を推測できてしまう可能性が大である。例えば，秋田県は秋田市，青森県は青森市，山形県は山形市。ただし，小学生向けの教材を作って，県庁所在地を知らない子どもがまわりにいて，実際に協力してもらえるならば，2の条件はクリアーできる（ただし，小学生に自学自習させるのはとてもむずかしい）。大学生の友人が相手ならば，ふつうの大学生が知らないことを題材として選ばないと協力者探しに苦労することになる。

　（え）　3と4の条件に問題がある。理由は，短時間で麻雀のルールを学習できるかが問題（パイを並べることはできてもゲームにならない）。コンピュータを使わない限り1人で麻雀はできないので，麻雀の楽しさを教えることは，個別学習教材にはならない可能性がある（独学で楽しさは体験できない？）。ただし，どんな人が教材を使うのか，によって変化する。例えば，コンピュータゲームの麻雀はすでにできて，ルールは知っている人を相手に，他のメンバーとの駆け引きの妙味について，あるいはポーカーフェイスと嘘のつき方について教えるのであれば，短時間でできるかもしれない（3の問題は解決）。しかし，この場合も4の問題は残る。逆に，初心者にルールを教えるだけならば，相手がいなくても覚えることは可能（4の問題は解決）。ルールも，例えば牌の組み合わせと役の名前などに限定して，すべてのルールを学習するのでなければ短時間でできるかもしれない。ついでに言えば，今どきの大学生が「麻雀」をやりたいと思うかどうかという点で，2の条件の確保がむずかしいかもしれない。

　（お）　2，3，4の条件に問題がある。理由は，教材作りの協力者は，どの程度テニスができるのかが問題である（条件2）。テニスの試合ができない，と一口にいっても，実技がだめなのか，ルールを知らないのか，戦略を組み立てられないのか（上級者），スタミナがもたないのか，いろんな点が欠けている可能性がある。また，短時間でテニスの試合ができるようになるのかどうかも問題である（条件3）。テニスの試合ができるようになる以前に，ルールを教えるだけでも，短時間でクリアーするのは困難だ。さらに，試合は1人ではできないので，独学を支援する個別学習教材にはならない（条件4）。この教材のアイディアそのものはわるくないが，「テニスの試合

ができるようになる」ための条件の1つを選んで，それに絞って教材の4条件を再検討する必要がある。ルールについて教えるのであれば，「テニスの審判ができるようになる」のほうがはっきりとしたイメージを持てるかもしれない。

「教材の4条件」について（補足）
上の問題（え）と（お）でみたように，教材の4条件にあてはまるかどうかを検討すると，いったい自分は「誰に何を教えたいのか」ということを詳しく考え，明らかにしていく必要性が浮かび上がってきます。「何を教えたいのか」については，条件3を念頭に，できるだけ絞り込んで考えることがたいせつです。「それを1時間で学べる人がいるのか」という観点から，条件2（協力者）を検討するとよいでしょう。第4章で，「誰に何を教えたいのか」をさらに詳しく検討します。そのときに，教材の4条件をもう一度見直すチャンスを持つとよいでしょう。

3．自分が作ってみたいと思う教材の内容3つについて，次にあげる「釣り入門」の例と同じような書き方でアイデアが整理されていれば正解です。

■教材アイデア1：「釣り入門」
誰にどんなことを教えたいのか
　友人（大学生）に魚や釣り道具についての基礎知識と餌のつけ方，竿の振り方の基礎を教える。
教材の4条件に照らしての検討
　条件1：長年趣味としてやってきたことで，知識や技術もある。友人に教えて仲間を増やしたい，という気持ちもある。
　条件2：大学の同級生仲間に釣りに興味はあるが，一度もやったことがない人が数人いて協力してもらえる。餌や竿はこちらで用意する。
　条件3：基礎知識は，最低必要なものを厳選する。実技については，1時間で魚が釣れるようになるのは無理だが，餌のつけ方や

　　　　竿の振り方を練習させることはやってみたい。
　　条件4：基礎知識については，魚や道具の形と名前が結びつくように，イラストを多く使い，クイズも取り入れる。技術面は，場面を図解して視覚的なポイントがつかめるようにし，教材を読むだけでなく，用意した餌や竿を使って，実演してもらう。自分が直接教えるときに説明するような「やり方のコツ」を教材に書くことを考えている。

■教材アイデア2：「出身地秋田の方言で恋を告白する」
（省略）

■教材アイデア3：「オーストラリア旅行計画入門」
　　条件1：旅行計画をたてるのは得意で，これまで何回も一人旅を経験してきた。大学2年の春休みにオーストラリアを旅行してきたので，これから行く人の参考になるような情報が提供できる。……

（以下省略）

　用意された教材アイデアが，ただの練習の答えではなく，実際に自分がこれから作れる教材についてのアイデアかどうかを確認すること。上の例のような「省略」はしないで，自分で考えた3つのアイデアそれぞれに教材の4条件をあてはめてみること。

第2章 教材作りをイメージする

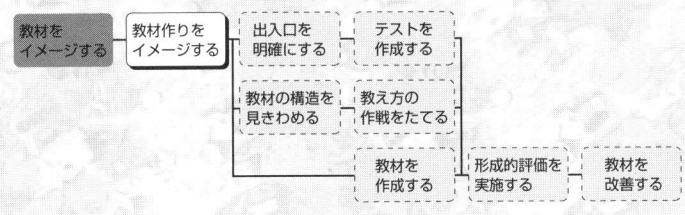

> **学習目標**
> 1. 教材作りのPDS（Plan—Do—See）とは何か，また，その過程の中で何が一番重要かを説明できる。
> 2. システム的な教材設計・開発の手順（要素）を5つに分けて説明できる。

背景

　　　　自分で作ってみたいと思う「独学を支援する教材」のイメージが具体的になったところで，次は，どのようにしてその教材を実際に作っていくのかについて，イメージしてみましょう。

　教材作りの出発点になるのは，自分が教えたいことについて，それをどうやって実現するかについてのアイデア，つまり「こんな教材にしたい」という教材のイメージです。第1章で教材の4条件を検討することによって，だんだんどんな教材を作りたいと思っているかが協力者にもわかるようになってきました。これから，説明文を書いたり，クイズを作ったり，写真を貼りつけたり，イラストを描いたりといった「作る作業」をすることで，教材が徐々に現実のものになっていきます。やがて，自分なりの思いを込めて工夫を凝らした，アイデアいっぱいの教材ができあがります。「できた！」と叫びたくなるでしょう。

　しかし，作る前から言うのもなんですが，この教材はうまくできたのでしょ

うか？ 自分ではお気に入りの教材になったとしても，それで「大丈夫，これで学べば自学自習の効果は抜群です」と胸を張って言えるのでしょうか？ 本当に「独学を支援する教材」と言える教材が完成したのでしょうか？

「独学を支援する教材」を確実に作って，学びを助ける材料を提供したいと願う人々の努力の結果，どのようなやり方で教材を作っていけばよいのかについてのヒントが蓄えられてきました。それらは総称して，「教材設計・開発への**システム的なアプローチ**」と呼ばれています。教授設計（インストラクショナルデザイン：ID）といわれる研究・実践の基本的な考え方です。この章では，失敗を恐れずに一歩ずつ教材を作っていけるようになることをめざして，最も確実な教材作りのプロセスについて考えます。「転ばぬ先の杖」だと思って読み進めてください。

Plan—Do—See

「Plan—Do—See」とは，システム的なアプローチの3つの段階をさします。「Plan」は計画すること，「Do」は実行すること，「See」は結果を見る（評価する）ことを表します。これを教材作りにあてはめてみると，「Plan」はどんな教材にしようかなどあれこれ考え，アイデアを練る作業です。「Do」は実際の教材作り，つまりアイデアを形のあるものにすることです。「See」は，作った教材を協力者に使ってもらって「独学が支援できたかどうか」を実際に確かめることです。一般に教材作りといえば，「Do」の段階だけがイメージされますが，アイデアを練ることや使ってもらって確かめることも教材作りの1つの段階とみなしていることがシステム的なアプローチの特徴です。

システム的なアプローチのもう一つの特徴は，図2-1に示すような3つの段階の相互関係にあります。一般に，計画・実行・評価と聞けば，計画→実行→評価で終わりと考えがちです。試験勉強でも旅行でも，計画を立てて，それを実行して，反省会をしてそれで終わりです。しかし，システム的なアプローチでは，評価の次に計画がくる，つまり計画→実行→評価で終わりではなくて，計画→実行→評価→計画→実行→評価→…とぐるぐると回ることを前提とします。評価がわるければもう一度計画にもどってやり直せ，できるまでそれを繰り返せ，というわけです。

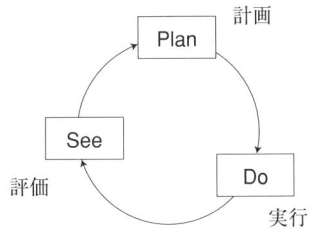

図2-1 「Plan—Do—See」の回転体

　ここで**重要になってくるのは，評価から計画に戻る矢印，評価→計画**です。たしかに日常的にも，「反省を次の機会に生かせ」とか「失敗から学べ」とか言われます。しかし，これがなかなかむずかしいのです。「のどもとすぎれば熱さ忘れる」という格言のとおり，一度結果がでれば，そのことは早く忘れてしまいたい，次のことに移りたいと思うのが自然でしょう。

　システム的なアプローチでは，完璧な計画は一度ではできないと考えます。ですから，やりながら直していく。少しずつ実行してその結果を見て，だめなところを修正する。その作業の繰り返しで徐々にいいものを作っていく。まさにアメリカ的な「トライ＆エラー」の精神で，修理しながら動かして，その中から品質を上げていくという考え方です。完璧な計画は一度ではできない，「独学を支援する教材」は一度では完成しない，それでいい，と言われると少しは気が楽になります。でも，せっかくやるのだから，いいものを作りたい，失敗はしたくない。そうも思います。

　システム的なアプローチの一回では完成しないという立場は，「ものごとをやりっぱなしにするな」という警告とも受け取れます。せっかくやるのだから，もしもよいものを作りたいのなら，よく考えて，しっかり作って，それを試してみなさい。自分だけで満足して「完璧だ」などと思わないで，実際に試した結果で判断しなさい。そのために，だめなところを直す時間的な，そして精神的な余裕を最初から計画に盛り込んでおきなさい。そして何よりも，どうなれば失敗で，どうなれば成功というかをあらかじめ，やる前に考えておきなさい。そんなメッセージなのです。

システム的な教材設計・開発の手順

「Plan—Do—See」の段階を回転しながら教材を作っていくためには，図2-2に示す5つの要素が必要になります。これを，システム的な教材設計・開発の手順と呼びます。5つの要素を1つずつ見ていきましょう。

図2-2　システム的な教材設計・開発の手順

1——出入口を決める：学習目標の明確化

出入口を決めるとは，「誰に何を教えるのか」を明らかにすることです。教材にどこから入って，どこから出ていくのか，つまり教材を使う人がどんな人で（入口），その人が何を学んで教材を終えるのか（出口）をはっきりとさせるのです。誰に何を教える教材かということについては，第1章の教材の4条件を検討したところで，おおよそのイメージがつかめたはずです。しかし，おおよそのイメージだけで出入口をはっきりさせないまま教材を作ると，できあがった教材がいいのかわるいのかが自信を持って判断できなくなる危険性があります。「どうなれば失敗で，どうなれば成功というかをあらかじめ，やる前

に考えておきなさい」というメッセージにもあったように，出入口の明確化はシステム的なアプローチで最も重要視されることです。具体的な作業としては，少し変に聞こえるかもしれませんが，**教材を作る前に「テスト」を作る**ことになります。出入口の明確化については第3章で，またテスト作りの実際については第4章で詳しく扱います。

2 ── 中の構造を見きわめる：課題分析

　出入口が明らかになったら，教材を実際に準備する作業に入ることができます。しかし，教えたい内容が複雑な場合，何をどんなふうに整理して教えていけばよいのかをあらかじめ計画しておくとよいとされています。入口と出口の間にどんな内容がどんな関係で存在するのかを明らかにする作業を「課題分析」といいます。課題分析図を作ることによって，教材の中の構造を見きわめ，内容を整理して，わかりやすい順序で教材を組み立てていく準備をします。この点については，第5章に説明があります。

3 ── 教え方を考える：指導方略

　入口から出口までの見取り図（課題分析図）が書けたところで，その一つひとつをどんな作戦でクリアさせるかを考えます。この教え方の作戦を「指導方略」と呼びます。第1章で教材のイメージをつくったときに，自分ならばこんなふうに教えるというアイデアをいくつか出しました。それは，1つの指導方略です。その他にも，これまでにあなたが教えようと思っていることやそれに似ていることを教えてきた先生の経験や，人にものを教えることに関する研究成果などを参考にして，どんな作戦が効果的かについてさまざまなヒントが提供されています。それらも，すべて，指導方略です。自分独自のオリジナリティを追及した教材を作ってもよいし，あるいは提供されているヒントにどんなものがあるのかを参考にしながら教材に盛り込む作戦を立ててみるのもよいでしょう。これまでに提供されてきた教え方の作戦は，学びの段階に応じた支援を提供する「学習のプロセスを助ける作戦」を中心に，第6章にまとめておきました。

4 ── 教材を作る：教材開発

　誰に何を教えるために教材を作るのかを明らかにし，自分自身のアイデアや提供されているヒントをもとに教材の「計画」を立ててきました。その計画をもとにして教材を作る作業は「教材開発」と呼ばれています。「Plan―Do―See」の「Do」にあたる作業です。思う存分に，工夫を凝らして，楽しいものを準備してください。同時に，教材を作る作業は，一回で完璧をめざすのではなく，使ってもらって不足しているものを見つけ出して，徐々に完成度を高めていくための第1回戦であることもお忘れなく。ベストを尽くす一方で，「とりあえず」の思想も心の片隅に留めておくとよいでしょう。教材を作るにあたってむずかしいのは，「独学」の材料であることです。また，それを紙を中心とした教材で実現することです。個別教材の「独り立ち」のためのヒントや印刷物（紙メディア）の長所・短所などを第7章にまとめ，教材開発の参考としました。

5 ── 教材を改善する：形成的評価と改善

　「Do」の次は，「See」です。作った教材がどの程度独学を支援できているのかを，実際に使ってもらって確かめます。この作業を「形成的評価」と呼びます。形成的評価は，教材のよい点とわるい点を明らかにして，改善するための評価です。教材を直すための情報がたくさん得られるように，しっかり準備して実施することがたいせつです。形成的評価については，システム的なアプローチの中でも重要な作業ですので，第8章に詳しく説明しました。また，形成的評価の結果を解釈して，どこをどう直せばよいのかを考えるためのヒントを第9章に用意しました。図2-2に示すように，何を改善するのかによって，1から4までのどの作業にもどっていくのかが変化します。この評価と改善を繰り返しながら，教材作りのシステム的なアプローチは回転していくことになります。

事例

「釣り入門」の教材を作った大場君は，どうなっているでしょうか。大場君のつぶやきを聴いてみましょう。

　システム的な教材作りか。思っていたよりも面倒な感じだけど，ダメで元々という考えはわるくない。でも，自分の作る教材はすばらしいものになるに決まっている。自信満々だ。釣りについては，前から誰かに教えたくていろいろとアイデアを練っていた題材だったし，とにかく自分のアイデアを早いところ形にしたい。

　まず教材を作ってからどこがわるかったのか，どうすれば直るかをチェックしても遅くはないだろう。慎重に進めば少ない回数で効果的な教材ができるかもしれないが，そこまでは待てない。そこで，まず，教材作りの実験台になってくれる協力者は，少し多めに4人確保しよう。

　まず4人のうちの2人に自分独自のアイデアで作った教材をやってもらい，効果を確かめる。それから，ヒントの章をよく読んで，それを参考に教材に少しだけ手を入れて，残りの2人に実験台になってもらう計画だ。それがすんでから，約束の釣りに4人まとめて連れて行けばよい。釣りに連れて行くことを餌にすれば，4人くらい釣り上げるのは簡単だ。むしろ断るのに困るかもしれないな。都合のよい魚を選んで一本釣り4回といこう，なんちゃって。

　「システム的な教材作り」では，まずテストを作るという。なんで教材を作る前にテストを作るのかは今ひとつピンとこないが，第3章と第4章を読めばわかるのかもしれない。テスト作りが終わればいよいよ教材作りだ。第5～7章にやり方が書いてあるということなので，それを軽く読んでから作ることにしよう。教材ができたらさっそく使ってもらおう。この形成的評価のやり方にはコツがあるらしいので，第8章はよく読むことにしよう。ついでに第9章も先読みするといいかもしれない。

　さあ，だんだん楽しくなってきたぞ。まずは手早くテスト作りを終わらせて，楽しみの教材作りに進むとするか…。

第2章のまとめ

　システム的なアプローチ一般にあてはまる3つの段階は「Plan―Do―See」。日本語では,「計画」「実行」「評価」になります。この中で,最もたいせつな点は,「やりっぱなしにしないこと」,すなわち「評価」から「計画」へもどって巡回させることです。

　システム的な教材設計・開発の手順に含まれる5つの要素は
　　　出入口を決める（学習目標とテスト）
　　　中の構造を見きわめる（課題分析）
　　　教え方を考える（指導方略）
　　　教材を作る（教材開発）
　　　教材を改善する（形成的評価と改善）
です。

練習

1. システム的な教材設計・開発の手順の基礎になるシステム的なアプローチ一般にあてはまる3つの段階を英単語で書き出し，どんなことなのかを自分の言葉で簡潔に説明しなさい。また，この手順の中で，最もたいせつなことは何かを説明しなさい。

3つの英単語	どんなことか

一番重要な点

2. システム的な教材設計・開発の手順の5つの要素について，それが何であるかを書き出し，どんな作業をするのかについて，自分の言葉で簡潔に説明しなさい。（何も見ないで答えること）

5つの要素	どんな作業をするのか

フィードバック

1．システム的なアプローチ一般にあてはまる 3 つの段階の英単語は「Plan—Do—See」。「計画」「実行」「評価」の日本語訳を含んで，簡単な説明ができれば正解とします。

　この中で，最もたいせつな点は，「やりっぱなしにしないこと」，すなわち「評価」から「計画」へもどって巡回させることです。

2．システム的な教材設計・開発の手順に含まれる 5 つの要素は

　　　　出入口を決める（学習目標とテスト）
　　　　中の構造を見きわめる（課題分析）
　　　　教え方を考える（指導方略）
　　　　教材を作る（教材開発）
　　　　教材を改善する（形成的評価と改善）

　言葉が完全に一致しなくても，カッコの中の言葉だけでも正解とします。自分なりに納得したうえで言葉が説明できていればそれで正解とします。自信がなければキーワードの該当箇所を読み直すこと。

第3章 教材の責任範囲を明らかにする～出入口の話～

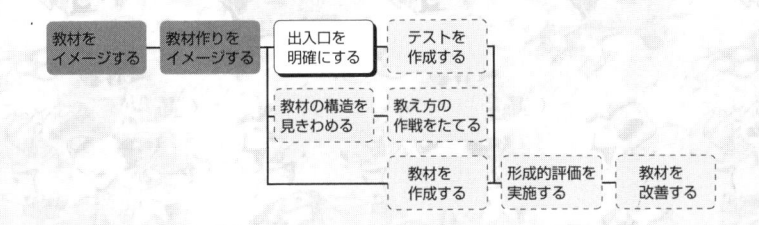

```
教材を      教材作りを   出入口を      テストを
イメージする  イメージする  明確にする    作成する

                        教材の構造を   教え方の
                        見きわめる    作戦をたてる

                                    教材を       形成的評価を   教材を
                                    作成する     実施する      改善する
```

学習目標

1. 教材の出入口を明確化するために用いる3つのテストの名前をあげ，その役割を説明できる。
2. 学習目標を明確化するための3つのポイント（行動目標・評価条件・合格基準）をあてはめて，与えられた明確でない学習目標を明確化できる。

背景

「すべての学習者は，その人にとって必要とされる時間をかければ，すべての学習課題を達成できる」。今から30数年前のアメリカで，心理学者ジョン・B・キャロルが訴えた言葉です。生まれつきの能力の差によってできる子とできない子がいるから，学校で成績に差がつく。これはやむを得ないことだ。そう考えている人が多いと思います。キャロルは，発想の転換を迫りました。能力差があるということは，学習できることの限界レベルが違うということではない。みんな学ぶことはできる。しかし，そのために必要な時間が一人ひとり違うのだ。時間をかければできる。それなのに，みんな同じ授業を受けて，同じ時間しか与えられなければ成績に差がつく。それは，それぞれの子どもにとって十分な学習時間が与えられていないからに他ならない。

この考え方に基づいて提案された**学校学習の時間モデル**は，アメリカの学校

教育にとても大きい影響を与えました。できる教科は上の学年のクラスに進む。だめなものはもう一年やり直す。飛び級とか落第といった，その子の学ぶ速さに応じて着実に学ぶ機会をつくっていこうとする制度が生まれました。あることが学べたら次に進む。マスターできるまでは何度も繰り返す。この考え方を「完全習得学習（マスタリーラーニング）」といいます。なぜそんなことが可能なのか，といえば，時間をかけることがたいせつだからです。時間をかければみんな学べる，と考えるからです。学べる可能性がない人を落第させるのではなく，可能性があるからこそ，わからないまま先に進むよりはわかるまで時間をかけさせるのが親切だと考えることができるのです。

　必要な時間をかければ学べる。しかし，与えられた時間には限界がある。落第は避けさせたい。そこで，教師たちの工夫が始まります。ただ「もっと時間をかけて勉強しなさい」というだけでなく，与えられた時間をどうやったら有効に使わせることができるだろうか。子ども一人ひとりにとっての「必要な時間」は違うのだから，一人ひとりをどう支援すればいいのか。「必要な時間」を減らすことはできないのか。

　できるだけ多くの子どもたちを「完全習得」に近づけるためにはどうすればいいのか。子どもたち一人ひとりの学びを助けたい，と願う教師たちにとってのまず最初の難関は，次の2つの問いに答えることでした。(1)何ができれば「完全習得」したと認められて次に進めるのか，(2)そのゴールに向かってそれぞれの子どもたちは今どのあたりに位置しているのか。つまり「出入口」の問題です。誰かにぜひ学んでほしい何かがある。そのための教材を作ろうとしている。そんなあなたにとっても，とてもたいせつな問題ですね。

学習目標

　　　　あなたが教材を作ることで，それを使う人に身につけてもらいたい，知ってもらいたい，できるようになってもらいたい，と思っていることがあります。これを教材の「ねらい」といいます。そのねらいをより具体的な形で表すことで，身についたかどうかが判断できるように書かれたものを「**学習目標**」といいます。教材が終わったらできるようになること，つまり**教材の**

「出口」をはっきりと示し、「完全習得」の条件を明らかにするものです。学習目標に到達したと判断されれば、あなたの教材で教えたいと思ったことをマスターした、とみなします。合格、あるいは免許皆伝ということになります。

学習目標は、教材で勉強した結果として身につくものについて書きます。教材で勉強する最中にやることを書くのではありません。例えば、「三国志についての説明を読む」は学習中にやることを表しています。また、教える側がやることを書くのでもありません。例えば、「三国志について教える」とか「理解させる」では、教えるあなたの立場から書かれたものになります。この場合、教材で学ぶ側が何を身につけてほしいかを考えると、「三国志についての知識」であり、例えば「三国志について知る、あるいは理解を深める」というのが勉強の結果を表します。しかし、これでは具体的でないので、知ったかどうか、理解を深めたかどうかをどうやって判断するのかが明らかになるように学習目標を書くことになります（例えば「三国志のあらすじを自分の言葉で書けるようになる」とすれば、どんなゴールかがもっとはっきりします。詳しくは本章の「学習目標の明確化」を参照）。

事前／事後テスト

教材を勉強したあとで、学習目標に到達できたかどうかを確かめるために行うテストを「事後テスト」といいます。反対に、教材をやる前にすでに学習目標に到達しているかどうかをチェックするために行うテストを「事前テスト」といいます。両方のテストとも、学習目標について「合格」といえるかどうかを確かめるものですが、実施するタイミングによって、教材をやる前か後かで違う名前を使います（事前と事後）。

事後テストは、教材で勉強した結果として教えたいと思ったことが実際に身についたかどうかをチェックし、「完全習得」といえるかどうかを判断するために実施します。事後テストに合格しないと、次の教材に進めないことになりますので、「出口」における門番の役割を持っています。それでは、事前テストの役割は何でしょうか？　事前テストは事後テストとレベル的には同じものです。だとすると、なぜ教材をやってもらう前に、これから教えようとするこ

とについてのテストをやらせるのでしょうか？　教材をやる前から合格できるわけがないと思いませんか？

　事前テストは，教材で教えようとしていることが，教材をやる前からすでに身についているかどうかを確かめるために行います。その理由は，**教材をやる必要がある人かどうかを判断するため**です。教材をやる前から事前テストに合格する人は，教材をやる必要がない人です。したがって，少し変に聞こえるかもしれませんが，事前テストに不合格の人だけを教材に進ませます。事前テストは，「入口」における門番の役割を果たします。それは，教材で学ぶ必要のない人をあらかじめ除外する，という意味においてです。「あなたは私がこの教材で教えたいことをすでにできるから，ご遠慮願います。次の教材へどうぞ」というわけです。

　事前テストによって教材を使う必要性がある人だけを選ぶのは，2つの点から重要です。第一には，教材を使う人にむだな時間を過ごさせないという点です。やる必要もないことに時間を使うのであれば，何か他のことにその時間を有効に使ってもらうほうがよい，という考えです。第二には，教材の有効性を試すためには初めからできる人では困るという点です。事前テストで合格した人が事後テストでも合格だった場合，うまく教えられたといえるでしょうか。答えは「ノー」です。事前テストで不合格だった人が教材をやって事後テストで合格に変わった場合，初めて「教材がうまく教えた」といえます。教材をやる前の状態をチェックすることは，教材をよりよいものに改善していくというシステム的な観点から，不可欠なのです。

前提テスト

　教材をやるうえでどうしても必要な基礎的内容で，教材の中では教えないのであらかじめ身につけておいてほしいことを「前提条件」といいます。教材を使おうとする人が，前提条件を満たして教材をやる準備ができているかどうかを確かめるテストのことを，「前提テスト」といいます。

　独学を支援する教材は，いつでも「超初心者」を相手に，ゼロからスタートするとは限りません。ゼロスタートの場合，何も知らない人でも，何もできな

い人でも初めから教えます，ということですので，前提条件は「なし」となります。しかし，これだけはすでに学んでいてほしい，これだけの基礎知識は持っていてほしいということがある場合，それが**前提条件**，つまり教材を始めるための「**資格**」になるのです。先ほどの事前テストは入口における門番として，「できすぎる人を除外する」という役割を担っています。一方で，**前提テスト**も，入口に立つもう一人の門番です。その役目は，「できなすぎる人（資格不足の人）を除外する」ことにあります。センター試験後の「足切り」や自動車運転免許の「18歳未満お断り」のようなものです。このテストは別名「レディネステスト」と呼ばれています。準備ができているかどうかをチェックするからです。

　前提テストは，事前テストと同じく，教材をやってもらう前に実施します。このテストを行う理由も，2つあります。理由の第一は，準備不足の人に無理をさせないことにあります。例えば，教材の中で説明もなしに使われる言葉を知らない人が教材を使っても，あまり学習効果は期待できません。背伸びをさせるよりは，教材に入る前に準備不足を補わせたほうが親切です（別の入門編の教材を用意したり，直接指導したりする必要が生じます）。第二の理由は，**教材の責任範囲を明らかにして**，「前提条件さえ満たせば必ず学習目標をクリアーできるように支援します」と宣言することにあります。教材の入口をあるレベルに設定することで，そのスタート地点からゴールまでを確実にお世話することが可能になります。どんな人が来ても面倒を見ます，というのでは責任ある支援はできません。それは，あなた自身が教えるのではなく，あらかじめ教材を作ってその教材に独学を支援させようとするから，なおさらなのです。

学習目標の明確化

　学習目標を誰にでもはっきり伝わるようにすることを「学習目標の明確化」といいます。学習目標が明確であれば，あなたの教材では何をどの程度まで教えたいのか，教材で学ぶことによって何ができるようになるのか，といったあなたの意図が，確実に伝わるようになります。学習目標を明確化しておくことは，教材をまとまりのあるものに仕上げるためにも，また，あとで

教材の出来具合を確かめるときも重要です。

　学習目標を明確化する方法の1つは，テストを作ることです。事前／事後テストは学習目標を具体的な形で示すことになります。また，学習目標がどんな性質を持ったものかをタイプ分けしておくこともたいせつです。この2つの方法については，次の章で詳しく扱います。ここでは，学習目標そのものの書き方について，明確化するための3つのポイントを紹介します。この3つのポイントを使うことで，明確でない目標を明確化できるようになります。

■1──学習者の行動で目標を表す

　何かを学んだ結果は，必ずしも目に見える変化として現れません。例えば，三国志に詳しい人と三国志について知らない人とを，見た目で区別することはできません。これが，学習目標を明確化するときの最も大きな問題です。何かを学ぶと変化が起きるのは「脳」の内部でのことです。あるいは，スポーツなどでしたら，筋肉の変化と脳と筋肉との連携プレーの変化です。「ウソ発見器」のように人の内側の変化を目に見える形にしてくれるような「学習成果判定装置」が発明されれば学んだかどうかがすぐわかるのでしょうが，現実にはそうはいきません。「三国志についての理解を深める」ことを目標にしても，内側でどんな変化が起きているのかを明確につかむことは困難なのです（人間が脳の中でどうやって新しいことを学んでいるのかについての心理学的なモデルは第6章に紹介があります）。

　学習目標を，学んだ人の内側の変化としてでなく，それを目に見える変化として表していこうとする努力がこれまでに積み重ねられてきました。「学習成果判定装置」が発明されるまでは，学習者に何かをやらせて（テストして），その結果として内側の変化（つまり学習の成果）を推測するしかありません。学習者に何かをやらせて推測するときに「何をやらせるのか」をそのまま書いたものを，**目標行動**といいます。「三国志についての理解を深める」ことに成功したかどうかを確かめる1つの手段として，例えば「三国志のあらすじを自分の言葉で書けるようになる」という「目標行動」を設定し，それを学習目標として採用します。これが学習目標を明確化する第一のポイントです。

　目標行動を使って学習目標を表すと，1つの学習目標では不足することがあ

ります。「理解を深める」の一言ですんでいた目標も，それを学習者の行動で表すと，「あらすじが書ける」だけでは教えたいことのすべてを表現していない，という場合もあるからです。もちろん，1つの教材に対して，学習目標は1つとは限りません。例えば，あらすじのほかにも，「三国志に由来することわざ」も教えたいと考えれば，それも学習目標として採用します。

　目標の数が多くて複雑になって，これでは「理解を深める」の一言ですませたほうがより簡単で明確だと感じるかもしれません。しかし，「理解を深める」がいくつもの目標行動を含んでいたことで明らかなように，人によって「理解を深める」で意味する内容が違います。そこにあいまいさが生じます。これを「理解を深める」のままにして，日本人得意の暗黙の了解ですませておくと，あとで「三国志では正史と歴史小説との違いも教えなくては意味がない。なぜそれを扱わなかったのか」などという批判を受けるかもしれません。目標行動を用いた学習目標を示すことによって，この教材の目標として自分が意味している「三国志についての理解を深める」には，例えば「年号をすべて暗記する」ことや「正史と歴史小説との違い」は含まれないということが明らかになります。学習目標の数は増えたものの，教材の責任範囲はより限定され，明確なものになっていることがわかります。

2 ── 目標行動が評価される条件を示す

　ロシアの郷土料理として有名な，ビーフストロガノフの作り方を教える場合を考えてみましょう。目標行動は「ビーフストロガノフが作れるようになる」とし，どんな料理でどう作るのかを「知識」として答えられるだけでなく，実際に料理ができるようになる実技の目標にします。この場合，教材を見ながら作り方を学んだあとで，実際に作れるかどうかを事後テストにすると考えるのが自然です。さて，どんなテストになるでしょう。

　それは，テストの条件によって異なります。最も簡単なのは，レシピ（作り方や材料の分量が書いてある紙）を見ながら作るというテストでしょう。次に，レシピを見ないで，正しい分量であらかじめ用意された材料を使って作るというテストが考えられます。さらに，何も見ないで買い出しから始めさせ（あるいは使わない材料も含んださまざまな食材を与えて），材料（肉は豚か牛かな

ど）や分量（5人前ならば肉は何グラムかなど）を正しく覚えているかどうかも合わせてチェックすることもありえます。

　学習目標を明確化する第二のポイントは，**評価条件**を明記することです。「レシピを見ながら」なのか「レシピは見ないで」なのか。「正しい材料を与えられて」なのか「正しい材料を選びながら」なのか。あるいは「市販のルーを使って」なのか「ルーを自作して」なのか。同じ「ビーフストロガノフが作れるようになる」という目標でも，どんな条件で評価するのかによって目標のレベルがまったく違ってしまうのです。学習目標を明確にするためには，評価の条件をあらかじめ考えておくことがたいせつです。

　実技の試験でなくても，さまざまな条件が考えられます。大学の定期試験でも，「持ち込み可」か「持ち込み不可」かという試験の条件しだいで，何をどう準備したらよいかがはっきりわかりますね。これも，評価の条件の一例です。他にも，計算が含まれる場合に「電卓を使って」なのか「手計算で」なのか。語学の場合に「辞書を使って」なのか「辞書は見ないで」なのか。暗記の場合に「教材の文章をそのまま」なのか「自分の言葉でまとめて」なのか。応用問題の場合に「今まで見た例で」なのか「未知の例で」なのか，などが考えられます。勉強はいつも覚えることだけとは限りませんから，いつも「何も見ないで」「そのままを」答えるとは限りません。何ができるようになってほしいのか，それはどんな条件の下でかを，柔軟にとらえて，明確化したいものです。

3──学習目標に対する合格の基準を示す

　最後のポイントは，**合格基準**を明らかにしておくということです。「完全習得」という言葉が合格を示すものとして使われてきましたが，いつも全問正解を意味しているわけではありません。合格の基準は，教材を作る人があらかじめ設定することができます。

　例えば計算問題などの場合，全問正解が望ましいかもしれませんが，うっかり計算ミスをした答えが1つあっても，あとが正解ならば解き方はわかっているとみなして大目に見ることもできます。そんな場合には，例えば同じような問題を5問出して「5問中4問正解で合格」という基準が考えられます。もちろん，計算ミスを犯さないことも実力のうちと考えて，「5問全問正解で合格」

という基準を採用することもできます。ある程度の計算ミスが認められるかどうかによって，教材を準備する方も教え方を変えなくてはいけないかもしれませんし，学ぶ側も覚悟が違うかもしれません。合格の基準をあらかじめ学習目標に示しておくことで，どの程度の正確さやスムーズさまでを要求しているのかが明らかになります。

全問か9割か8割かなどの正解率を決めることのほかにも，合格の基準があります。「1分以内に」とか「20分間で」といった制限時間がその1つです。また，実技の場合などには，「誤差5％以内で測定する」とか，「チェックポイント10のうち9つに合格すること」とかの正確さの尺度が合格基準として考えられます。

以上の3つのポイント，すなわち目標行動，評価条件，そして合格基準を明らかにすることで，学習目標が明確化できます。それは，学習者の立場に立って，誰に何を教える教材を作るのかを明確にすることにつながります。今まで「こんなことを教えたい」と漠然と考えていたことが，少しずつ具体的になってくると思いますが，どうでしょうか。

事例

「釣り入門」の教材を作っている大場君の場合，教材の出入口はどうなるのでしょうか。学習目標を明確にするための3条件は，どうやってあてはめることができるのでしょうか。大場君の挑戦のようすを見てみましょう。

「釣り入門」で教えたいことは，実際に釣りに行く前の予備知識と基本的な釣りの実技だ。これが教材の出口にあたるのかな。この教材の出口には，実際に釣りに行くという次のステップの入口が来るわけだ。しっかり準備してもらって，現地では釣りのダイゴミに浸ってもらおう。この教材で教えたいことをマスターしたかどうかをチェックするためには，知識と実技の両面から確かめることになりそうだ。魚や釣り道具の名前と形を覚えているかどうかは，ふつうの紙と鉛筆のテストでいいだろう。餌をつけたり釣り竿を振ったりする実技は，

「ビーフストロガノフ」の作り方を教えるときと同じように，実際にやってもらわないと身についたかどうかはわからないだろうな。テストの作りかたは次の章でやるということだから，これでよしと。

　さて，次は教材の入口だ。「釣り入門」というくらいだから，この教材の相手は「超初心者」だ。一回も釣りをしたことがない人が相手になるから，知識も実技もゼロスタートと考えなければならない。事前テストは，教材をやる前にすでに知っているかどうか，できるかどうかのチェックということだが，「超初心者」を相手に用意する意味があるのだろうか。できないに決まっているのに…。まあ，中身は事後テストと同じでいいということだから，やるかやらないかは別として，どうせ事後テストを用意することにはなるわけだ。

　「前提テスト」はどうだろうか。「資格」といっても「超初心者」だから，基礎知識や基礎実技を期待するのは無理だろう。大学生の常識として，いくつか魚の名前を知っているかもしれないが，まったく知らない人もいるだろう。それを「資格」にすることはできない。第一，魚の名前は教材の中で教えようと思っていることの一部だから，むしろ知らないほうが都合いい。そうか，もしかすると，前もって魚の名前を知っているかどうかを確かめておいたほうが，初めから知っていたのか教材で新しく学んだ結果として知識を身につけたのかの区別がつくのか。やっぱり事前テストは必要なのかもしれないなぁ。

　実技については，「資格」はむずかしいだろうな。餌のつけ方や竿の振り方の場合，「ビーフストロガノフ」を作るのと違って，レシピを見ながらというわけにはいかない。川に行ってから，教材を見ないとできないのでは困るから。最初は教材を見ながら練習するのはいいけど，「出口」では，見ないでできるようになってもらわないと。餌のつけ方を教えるといっても，ミミズを触ったことがない人は抵抗があるだろうな。ミミズを触れないと，餌をつけるどころじゃないから。せめて魚を触れることぐらいは「資格」として設定しておいた方がいいかもしれない。魚を触れない人では釣り入門の入口には程遠いから。これで出入口がはっきりしてきた。出口では知識と実技の両面を確かめる。魚や釣り道具の名前と形を紙と鉛筆のテストで確かめる。餌をつけたり釣り竿を振ったりする実技は，実際にやってもらう。何も見ないでできるようになるのが条件。入口での「資格」は魚を触れること。事前テストも，やる。

次は学習目標だ。「釣り入門」で教えたいことを書くと，「魚や釣り道具の名前と形を覚え，餌をつけたり釣り竿を振ったりできるようになる」となるかな。「覚える」は脳の中で起こる変化だから，「魚や釣り道具の絵を見て，その名前を書けるようになる」のほうがいいかな。魚の絵を描けるようになる必要はないけど，逆に実物（絵）を見て名前が言えればそれでいいわけだから。評価の条件は，「何も見ないで」になる。合格の基準は，どうだろう。魚の名前は少しぐらい知らないのがあってもいいけど，釣り道具の名前は全部知らないと困る。会話が成り立たないから。実技のほうは，だいたいの形ができればよいことにしよう。1時間ではフォームは完成しないし，あまりうるさくいうと興味を失ってしまう。釣りに早く行きたいと思わせる程度にしなければ。

　大場君の「釣り入門」の学習目標は，まとめると次のようになります。「魚や釣り道具の絵を見て，その名前を書けるようになる。また，何も見ないで餌をつけたり釣り竿を振ったりできるようになる。合格基準は，魚は8割，道具は全問正解，実技はだいたいの形ができればよしとする」。

　かなりはっきりと何をやりたいかが伝わってきますが，まだ不明確なところがいくつかあります。まず，覚える魚の種類がいくつあるのか。釣り道具の数はいくつあるのか，また覚える名称はいくつあるのか（道具1つの中に覚える名前がいくつかあるかもしれないから）。餌は何を使うのか（ミミズの話が出ていたが，餌はミミズだけなのか）。竿の振り方は一通りだけか，それとも何種類かあるのか。テストを作るときには，この辺のところをより明確にすることが求められるでしょう。可能ならば，このうちのいくつかでも，学習目標の中に述べておくと目標がもっと明確なものになるはずです。
　事前テストについては，知識面は必要だということがわかったようですね。では，実技面の事前テストは，どうやって行うのでしょうか。それは次の章でのお楽しみ…。

第3章のまとめ

事前／事後テストと前提テストの3つの関係を図3-1にまとめてみました。テストの実施時期，レベル，役割を確実に整理しておきましょう。

	実施時期	レベル	役割
事後	出口	学習目標	合格かどうか
事前	入口	学習目標	必要かどうか
前提	入口	前提条件	資格があるか

前提： 合格→資格あり
事前：不合格→必要あり

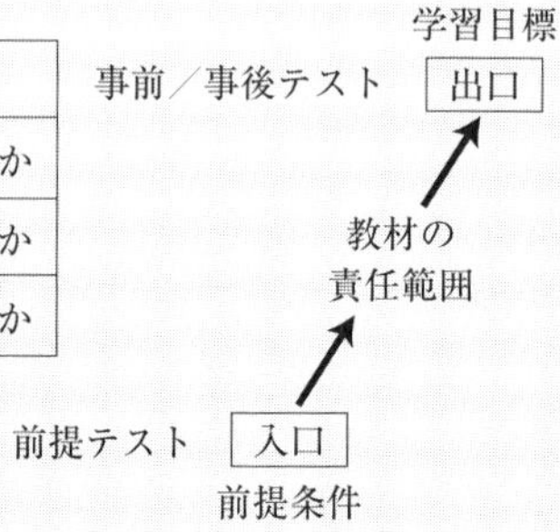

事前／事後テスト　出口　学習目標

前提テスト　入口　前提条件

教材の責任範囲

図3-1　事前，事後，前提テストと教材

学習目標を明確にし，教材を使う人の立場から「何をどの程度学ぶ教材なのか」をはっきりさせるための3つのポイントは，次のとおりです。

1．学習者の行動で目標を表す
2．目標行動が評価される条件を示す
3．学習目標に対する合格の基準を示す

練習

1. 教材の出入口を明確化するために用いる3つのテストについて，次の説明文の空欄を埋めなさい。

　　　教材を始めるとき，つまり教材の「　（あ）　」では，「　（い）　」つのテストを行う。「　（う）　」は，教材の使用者があらかじめ学習に必要な条件を備え，教材を開始する準備ができているかどうかをチェックするためのテストである。すなわち「　（え）　」があるかどうかを確認するために行う。このテストに「　（お）　」の者は教材に進めない。「　（か）　」は，教材の教えることを教材をやる前から身につけているかどうかを確かめるテストで，教材をやる「　（き）　」があるかどうかをチェックするためのものである。このテストに「　（く）　」の者は，教材に進ませない。教材での学習が修了した時点，つまり教材の「　（け）　」で行うテストを「　（こ）　」といい，このテストは，教材の使用者が「　（さ）　」に到達したかどうかを確かめるものである。教材をやる前に行った「　（し）　」テストと同じレベルの問題が出題される。

2. 学習目標を明確化するための3つのポイント（行動目標・評価条件・合格基準）をチェックして，次の学習目標は，どのポイントが明確でないかを指摘しなさい。さらに，明確な学習目標に書き直しなさい。ただし，ここにあげる目標は明確でないので，明確化するときの正解は1つとは限らない。書き直すときには，明確な学習目標の例を1つあげること。

　　（あ）魚へんの漢字を楽しく覚える。
　　（い）手話の基礎をマスターする。
　　（う）ポニーテールを結うときのコツをつかむ。
　　（え）教材を使いながらハンバーグが作れるようになる。
　　（お）食事の後かたづけの時間を半分に短縮できる。

3. あなたが計画中の教材について，出入口を説明しなさい。また，明確な学習目標を書きなさい。

フィードバック

1．（あ）入口　（い）2　（う）前提テスト　（え）資格　（お）不合格　（か）事前テスト　（き）必要　（く）合格　（け）出口　（こ）事後テスト　（さ）学習目標　（し）事前

2．（あ）魚へんの漢字を楽しく覚える。
行動目標＝不明確，評価条件＝不明確，合格基準＝不明確。
明確化した学習目標の例：お寿司屋さんの湯飲みにある魚へんの漢字30個を完璧に読めるようになる。

　解説　この目標の「漢字を覚える」という場合，「読めるようになる」だけなのか，それとも「書けるようになる」必要があるのかが不明確。ここでは「読める」ことに限定したが，「読めて書けるようになる」という行動目標も考えられる。また，魚へんの漢字といっても覚えきれないほどたくさんあるので，覚える対象とする漢字を具体的に示す必要がある。ここでは，寿司ネタの魚の名称30個とした。合格基準は「完璧に」を追加したが，「9割」や「30個中25個」などの合格ラインを設定してもよい。なお，「楽しく」という部分は，目標ではなく教材で学んでいる間のようすなので，目標からは削除した。しかし，単に漢字を暗記させることだけでなく，（暗記はきらいだった人が）漢字を覚えることが楽しくなる，あるいは（漢字を覚えることなど意味がないと思っていた人が）もっと覚えたいと思うようにさせるということを考えれば，それを目標として設定することは可能である（第4章の＜態度＞の学習目標を参照）。

　（い）手話の基礎をマスターする。
行動目標＝不明確，評価条件＝不明確，合格基準＝不明確。
明確化した学習目標の例：「今日の日はさようなら」の歌詞を何も見ないで正確に手話で表現できるようになる。

　解説　行動目標「マスターする」は，マスターしたら何ができるようになるのかが不明確。手話には自分で表現する（発信する）ことと相手の手話を読みとる（受信する）ことがあるが，ここではより簡単な「発信」の

ほうに限定した。「基礎」も何が基礎なのかが不明確。ここでは，1つの歌の歌詞を例にあげたが，その他にあいさつ，自己紹介，基礎的な語句，五十音などが考えられる。重要な点は，「具体的にどんな内容なのか」をはっきりさせること。評価条件としては「何も見ないで」，合格基準としては，「正確に」をここでは追加したが，「歌詞カードを見ながら」「2語以内の誤りで」というようなもっと緩やかな条件設定もあり得る。

　（う）ポニーテールを結うときのコツをつかむ。
行動目標＝不明確，評価条件＝不明確，合格基準＝不明確。
明確化した学習目標の例：自分の髪の毛で，高さとまとまりのあるポニーテールが結えるようになる。

解説　目標の「コツをつかむ」は，ポニーテールを結うための注意点を覚えて「言えるようになる」のか，実際にそのコツを応用して「結えるようになる」のかが不明確。ここでは，実技のほうの目標とした。実技の評価条件としては，モデルの髪の毛（人間またはマネキン）か自分自身の髪の毛かによって練習の方法などが変化してくると思われるので，「自分の髪の毛」と明記した。しかし，これによってこの教材を使う人は，ポニーテールに適した長さの髪の毛を持っている人に限定されることになる。合格基準には，ポニーテールを結うコツ2つを取り上げ，「高さ」と「まとまり」を満たすことを判断基準としたが，他のコツや「5分以内で」などのスムーズさを取り上げることができよう。

　（え）教材を使いながらハンバーグが作れるようになる。
行動目標＝ＯＫ，評価条件＝不適切，合格基準＝不明確。
明確化した学習目標の例：ハンバーグミックス（ハンバーグのもと）とその他の必要な材料を与えられたとき，レシピを見ながら，焦げ目がなくよく火の通ったハンバーグ（温野菜のつけ合わせ付）が作れるようになる。

解説　この目標は，教材を使う人の行動で目標を示しているから行動目標になっている。ハンバーグを作れない人が，教材で作り方を学んで練習をして，最終的にはハンバーグが作れるようになることまでは明確。しかし，一言にハンバーグが作れるようになるといっても，さまざまなレベルがある。ここでは，入門編を考え，一番簡単な条件を例示したが，自分の味付けがで

きるようになるとか，トッピングを工夫できるとかの発展形が考えられる。評価条件の「教材を見ながら」は，答えを見ながらテストを受けているようなものなので不適切。合格基準は，焼き具合を中心に設定したが，このほかにも形や手際のよさ（制限時間内に作れる）などが考えられる。

　（お）食事の後かたづけの時間を半分に短縮できる。
行動目標＝不明確，評価条件＝不明確，合格基準＝不適切。
明確化した学習目標の例：「スーパー後かたづけ法」を応用し，自分の後かたづけの弱点を発見しどうすれば時間短縮できるかを提案できるようになる。

　|解説|　この目標では，何を教えることで時間を短縮させることが可能なのかがわからない。そこで，あと片づけのコツや名人からの秘伝を集めた「スーパー後かたづけ法」なるものを仮定し，その内容を教える教材をつくる場合の目標を考えた。合格基準としては，今のかたづけ時間を半分に減らせるかどうかという判断基準が設定されているが，これは不適切。なぜならば，教材を使う人がどの程度すばやくかたづけているのかがわからないで，それを半分にする方法を教える責任は持てないから。この教材で学ぶ「スーパー後かたづけ法」を理解してもらえたかどうかを調べるには，色々な後かたづけのやり方に「スーパー後かたづけ法」を適用して，手際のわるいところを発見し，どうすればより早くかたづけられるかを提案できるかどうかを確かめればよい。ここでは，教材の利用者自身の方法を点検するという評価条件を例示したが，「後かたづけのビデオを見て時間短縮の方法を提案できる」とすることも考えられる。

3．あなたが作ろうとしている教材について，出入口の説明と明確な学習目標が書けていれば正解です。次のチェックポイントで，確かめなさい。まず，出入口の説明には，3つのテストがどのようなものになるのかについて，簡単にふれられていること。学習目標は，3つのチェックポイントに照らして，明確なものであること。学習目標は1つだけとは限らないことに注意。そして，2つ以上の学習目標がある場合，それぞれについて3つのテストを検討したかどうかをチェックすること。不明な場合は，キーワードの説明と，「釣り入門」の事例をもう一度読み直すこと。

第4章　テストを作成する

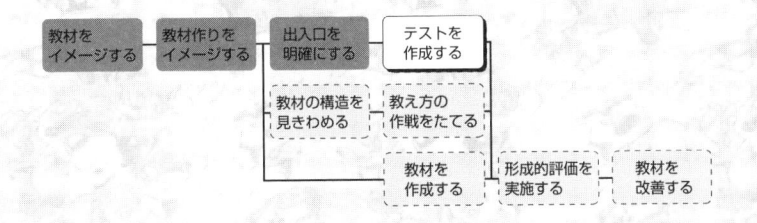

```
教材を      教材作りを    出入口を      テストを
イメージする  イメージする  明確にする    作成する
                        ┌──────┐  ┌──────┐
                        │教材の構造を│  │教え方の　│
                        │見きわめる　│  │作戦をたてる│
                        └──────┘  └──────┘
                                  ┌──────┐ ┌──────┐ ┌──────┐
                                  │教材を　　│ │形成的評価を│ │教材を　　│
                                  │作成する　│ │実施する　　│ │改善する　│
                                  └──────┘ └──────┘ └──────┘
```

学習目標

1. 相対評価と絶対評価を区別できるようになる。
2. 学習目標を学習課題の種類に分類し，それぞれの種類に適するテストの一般的な性質を説明することができる。
3. 学習目標の性質に適した事前・事後テスト，前提テストのテスト問題を作成することができる。

背景

　テストを作るということを聞いたとき，どんなイメージを持つでしょうか。「教材を作る前にテストを作るなんて今ひとつピンとこない」と「釣り入門」を作っている大場君はつぶやいていました（第2章）。しかし，皆さんは第3章の「教材の責任範囲を明らかにする」で，テストが教材の出来具合を調べるためにとてもたいせつな役割を果たすことになることを学んだので，「テストで出入口を明確化するのは，教材で誰に何を教えようとしているのかをはっきりさせることなんだ」という点が納得できたと思います。

　でも，この考え方と，今まで私たちが経験してきた（受けさせられてきた）テストとは，かなりイメージが違うと思いませんか？　これまでに経験してきたテストを思い出してください。例えば，受験やそれにともなう実力診断テスト（模擬テスト），学校での中間・期末考査，豆テスト，抜き打ちテスト，

等々。テストと聞くと，緊張感がはしり，暗い気持ちになって，重い腰をあげてやおら机に向かい，ひたすら覚えようと努力した。大学の教壇に立っていても「テスト」という言葉を発しただけで，学生諸君の視線がいっせいに集まり，耳が「ダンボになる」という光景はめずらしくありません。就職してからも，いろんな資格試験に振り回されているのが実情のようです。

　このイメージの違いの原因は何でしょうか。いくつか考えられますが，その1つには，皆さんがこれまで「評価される側」にいつも立っていたので，テストに脅えていたことがあげられます。今度は，教材を作って誰かに何かを教えようとしている側ですから，今までとは違います。何かを学ぶ側から教える側へ，つまり**評価される側から評価する側に（？）**，立場が変わるのです。

　でも，変ですね。今から作るテストは，**教材の出来具合を調べるために使わ**れることになるのです。仮に，もし事後テストが不本意な結果，例えば30点に終わったとした場合，いったい誰の責任が問われるのでしょうか。誰が評価されているのでしょうか。教材の出来具合を調べるために行う以上は，もし30点に終わったら，教材のどこかが説明不足だったり，わかりにくい箇所があったりしたためだと考えて，その原因を探っていくことになります。つまり，テストの成績が不本意の場合の責任は，教材を使った人にあるとは考えません。教材を作った側の責任と考えて，教材の改善に役立てようとするのです。教材の作成者として教える側に立ったあなたは，評価される側から評価する側に立場を変えたわけではなく，依然として評価される側にもいるのです。

　誰が評価して，誰が評価されているのか，という問題は，実は教材作りのときだけでなく，私たちが経験してきた日常の授業にもあてはまります。もしテストを受けて30点しか取れなかったときに，私たちは，それは「先生の教え方がわるかったからだ」とはふつう考えません。「もう少し勉強しておけばよかった」とか「やっぱり私にはむずかしすぎた」などと，自分自身（つまり学ぶ側）の責任として受け止めます（それは，そう育てられてきたからですが）。

　では，教える立場からみるとどうでしょう。それは，30点しか取れないような教え方をした。どうやったらもっと効果的な授業にできるのだろうか，どうやったらもっとやる気を起こさせることができるのだろうか，という反省の材料となるはずです。テストをやるときには，もちろん学ぶ側の能力や努力

(必要な時間をかけたかどうか)が試されます。しかし、それと同時に、教える側の支援の方法がどうだったかも問われているのです。

評価している側は、実は自分の教え方も評価している、つまり評価されているのです。そう考えないと、テストすることで教材を直していくという発想は生まれません。自分の授業を改善していこう、少しでもよい授業にしていきたいと考えている先生方にとってもそれは同じことなのです（先生と呼ばれる人が全員そう考えているとは言っていませんけど…）。**「テストは教える側と学ぶ側の両方が少しずつ向上していくための道具である」**ととらえると、テストのイメージが少しはよくなると思いますが、どうでしょうか。そうすぐにはイメージを変えられませんか？

相対評価と絶対評価

テストを作るうえでまず最初に決めることは、そのテストが「相対評価」か「絶対評価」かのどちらに使われるものなのか、ということです。相対評価の別名は、集団準拠テスト、すなわち順位争いです。集団の中の相対的な位置（平均との比較）で評価します。一方の絶対評価の別名は、基準準拠テスト、すなわちある基準をクリアーできるかどうかのテストです。目標準拠テストとも言います。周囲に関係なく、絶対的に動かない基準あるいはゴール（目標）にたどりついたかどうかで評価します。

今まで皆さんが受けてきた**多くのテストは、相対評価のテスト**でした。5段階評価や入学試験がその典型です。ここでは、順位が問題になります。5段階評価の場合、クラスの7％が5（1も7％）、24％が4（2も24％）と決められていますから、点数にあまり違いがなくても5をあげられる子どもの数には限りがあります。入学試験も定員との勝負です。上から優秀な学生を定員まで入学させるので、他にどんな受験生が来るのかによって、誰が入学できるかが左右されます。

一方の絶対評価、つまり基準準拠のテストの例には、自動車運転免許試験があります。路上試験では、減点が30点以内であれば誰でも合格します。学科試験では、他の受験生がどうであろうと、9割正解できれば誰でも試験に受か

ります。そこには定員はありません。この9割正解というのが基準（目標）になっています。他にも，語学検定やハム無線，調理師などの各種資格試験は基本的に基準準拠の絶対評価を採用しています。すべて目標に到達すればパスする試験で，合否の判定には他の受験者との競争はありません。一定のレベルに到達した人には，全員資格が与えられます。教材作りで採用する評価のタイプも，もちろんこの絶対評価に含まれます。

　さて，テストの作りかたは，相対評価と絶対評価とでは異なります。どんなテストがいいテストなのかの判断基準が違うからです。相対評価の場合，一番問題になるのは，「差がつくかどうか」ということです。順位をつけなければなりませんので，全員が同じ点数では困るからです。テストを受けた人の点数に差がつくことを，そのテストに「弁別力」があるといいます。**相対評価に用いられるテストを作る場合，弁別力を高める**ための工夫が求められます。受験者全員が正解する項目や，反対に全員が答えられない項目はテストの弁別力を低下させるので，含まないようにします。つまり，その項目を入れても，差がつかないからです。100点も0点も少人数になるように，テスト項目の難易度を調整します。それで相対評価用の立派なテスト（差がつくテスト）ができあがるのです。

　一方で，**絶対評価の場合は**，受験者に差をつける必要はないので，弁別力は問題になりません。全員100点でもかまわないからです。問題になるのは，パスするだけの実力がしっかりついているかどうか，このテストで点数を取れるということが基準を満たした（目標に到達した）ことを本当に意味しているのか，という点です。目標とテストとの間にズレがないことを「**整合性**」が高い，あるいは「整合性」が確保されているといいます（この言葉は目標と教材の中身とのズレについても使われます）。教材で教えたいと思っていることが確実に学べた人がテストで高得点を取って合格できれば，そのテストはいいテストです。逆に，実力がついていないのに偶然高い点を取ってしまったり，あるいは教材で教えていること以外の力で高い点を取ってしまう場合は，わるいテストになります。点数の差をつけるために「引っ掛け問題」を入れたり，わざと教材の中で教えてもいない「難問奇問」をテストに含めて100点を取りづらくしたりする必要はないのです。実力がつけば全員合格，そのかわり，目標レベ

ルまで到達していない人は確実に落ちるテストをめざすのです。

学習課題の種類：認知・運動・情意領域

　ここまでで，教材で学んでほしいことを確実に学べたかどうかを確かめるためのテストは，「絶対評価」に基づくテストであり，よいテストを作る鍵を握っているのは学習目標とテストの整合性である，ということはわかったと思います。そこで，絶対評価のテストをどうやって作れば整合性が確保できるかを見ていきましょう。

　学習目標との整合性の高いテストを作るためには，学習目標の性質を分類することが効果的です。同じ性質を持つ学習目標についてのテストには，共通して備えていなければならない条件があるからです。同じ性質を持つ学習目標を分類するための枠組みを，「**学習課題の種類**」と呼びます。学習課題の種類は，大きく3つに分類されます。

　1つは「**あたま**」にまつわる課題で，これを**認知領域**の課題と呼びます。計算をしたり，暗記したり，説明できるようになったりすることはすべて「あたま」にまつわる課題の例です。2つ目は，「**からだ**」にまつわる課題で，これを**運動領域**の課題と呼びます。ワープロでタッチタイピングができることやテニスのファーストサーブが確実に決まるようになることなどは運動領域の課題の例です。最後の3つ目は，「**心**」にまつわる課題で，これを**情意領域**の課題と呼びます。人種差別をしないことや環境問題に対する配慮，モラル，あるいは学習への積極的な態度などは「心」にまつわる課題の例です。

　学習目標が「あたま」の変化をとらえるものなのか，あるいは「からだ」や「心」の変化をめざしたものなのかによって，テストの方法が異なります。ですから，どんな題材を選んで教材を作る場合でも，学んでほしいことが三領域の中のどれに分類できるかをまず確認します。あなたが今，作ろうとしている教材の学習目標は，どの領域に分類されるでしょうか？

言語情報と知的技能とそのテスト

　「あたま」にまつわる課題の領域，つまり認知領域は，教材で取り扱うことが多く，しかも広範囲にわたるさまざまな課題を含んでいます。ここでは，アメリカの学習心理学者ロバート・M・ガニェ（筆者の師匠の一人）のモデルに従って，特に区別することが重要な２つの認知領域の学習課題を紹介しましょう。

　同じ「あたま」にまつわる課題でも，教材に出てきた情報を覚えて，それをテストで再び思い出す課題と，ある種の約束ごとを教材で学んで，それをテストで応用する課題とでは，テストの作り方が違ってきます。ガニェは，思い出すほうの課題を**「言語情報」**と呼び，ルールなどを応用するほうの課題を**「知的技能」**と呼んでいます。そして，この区別がとてもたいせつであると指摘しています。同じ英語の勉強に関する課題でも，単語を記憶するのは「言語情報」に分類されますが，文法の書き換え問題は応用できるかどうかを試すので「知的技能」に分類されます。

　「言語情報」の課題では，教材に出てこなかった内容をテストに盛り込むのはルール違反です。しかし反対に，**「知的技能」の課題では，教材に出てこなかった例を使って，教材で学んだ約束ごとが応用できるかどうかをテストする必要があります**。同じ例を使うと，応用ではなく暗記して答えられてしまうからです。英語の学習の例で言えば，教科書に出てこなかった英単語（言語情報の課題）がテストに含まれていると，学習目標との整合性が保てません。約束違反です。しかし，もしも英和辞書が使えるかどうか（知的技能の課題）をテストしたければ，出てこなかった単語の意味を答えさせる（もちろん，このときの評価条件は「辞書を使いながら」です）必要があります。知っている単語の意味は，辞書を使わなくても答えられますから。また，例えば能動態の文を受動態に書き換える問題（知的技能の課題）では，テストに同じ文が使われるとは限りません。書き換えのルールを学んでいれば，どんな動詞が出てきても「Be動詞＋過去分詞形」に変換することができますし，また，それができるかどうかを判断するためには，むしろ教材で使った文と違う文でテストしたほうがよいのです。例文を暗記しても，例文が出てこなければ答えられませんから。

さて，あなたが考えている学習課題がもし認知領域に分類されるものだとしたら，それは「言語情報」ですか，それとも「知的技能」ですか？

運動技能とそのテスト

ロバート・M・ガニェは，運動領域の課題，つまり「からだ」にまつわる学習目標を，**「運動技能」**と呼んでいます。「あたま」で出てきた応用力の課題を「知的技能」と呼ぶのは，ちょうどからだを動かすときのようにあたまを動かして，新しい問題を解いていくからだと考えればよいでしょう。同じ「技能」でも，からだ（あるいはからだの一部）を動かして，運動をともなうものを「運動技能」と呼びます。ここで注意が必要なのは，認知領域のテストでは，例えば手を動かして鉛筆で答えを書くように，必ずからだの一部を動かす必要があるので，「運動技能」なのか認知領域なのかをしっかり区別することです。

「運動技能」の課題では，新しく学ぶことが「筋肉の動き」そのものです。一方で，「知的技能」の課題では，新しい動かし方を学ぶのではありません。ローマ字の筆記体をスムーズに書けるようになることは「運動技能」の課題ですが，英単語を覚えてそれを筆記体で解答用紙に書くのは「言語情報」の課題です。英単語の学習の場合，筆記体で解答することはもうすでに学習ずみで，新しい課題ではありません。コンピュータでキーボードのタッチタイピングのスピードをあげるという課題は「運動技能」ですが，表計算のソフトが使えるようになるというのは認知領域の課題（「知的技能」）です。ソフトの使い方をマスターするためには，操作の手順を把握して，それを応用する「あたま」のはたらきが中心課題になるからです。

さて，認知領域の課題のテストでは紙と鉛筆のテスト，いわゆるペーパーテストが使われますが，「運動技能」のテストには**実技テストを用いる**のが基本です。それは，「やり方を知っていること」と「実際にできること」とは同じではないからです。料理を例にとれば，焦がさないためにはフライパンに油を十分に敷くことや，火の強さに気をつけること，あるいはフライパンを時どき動かすことなどのコツがあることを知っていることと，実際に卵焼きを焦がさ

ないで作れるかどうかは別の問題です。もちろん，手順を知っていなければ料理は作れません。コツも知っていなければなりません。手順やコツを覚えるのは認知領域の学習課題ですから，ペーパーテストで手順やコツを書かせることで覚えたかどうかは確かめられます。しかし，実際に料理を作れるようになったかどうかを確かめる「運動技能」のテストでは，知っているかどうかではなく，実際にできるかどうかを確かめる必要があります。実技テストで実際にやってもらわないと，できるようになったかどうかを確実に見きわめることはむずかしいのです。

　実技テストに欠かすことができないものに「**チェックリスト**」があります。チェックリストは，実技のどのポイントを観察して合否を決定するかをあらかじめ明らかにして，それを箇条書きにした一覧表です。チェックリストに出てくる項目は，学習目標の評価条件や合格基準で明らかにされていることがらをもとにして作成します。また，チェック項目はすべて教材の中で説明し，練習の機会を与える必要があります。目標として明らかにし，それを説明して練習させて，テストでも**合否の判断基準として用いる**。このことによって，実技テストの「整合性」が確保されます。チェックリストがどのようなものかは，オリンピックなどで注目される体操競技が好例となります。技の難易度，減点の基準などがあらかじめ決められています。選手は，その基準に向けて練習を重ね，ジャッジはその基準に基づいて演技を採点します。それでも採点者の主観によって点数のバラつきが出るので，複数のジャッジの平均点で得点を出します。しかし，ここで肝心な点は，チェックリストが選手とジャッジに共有されていることです。秘密がないことがたいせつなのです。

態度とそのテスト

　最後に，情意領域の課題のテストについてふれておきます。ロバート・M・ガニェは，情意領域の課題，つまり「心」にまつわる学習目標を，「**態度」の学習**と呼んでいます。人種差別への反対の態度，地球環境保護への賛成の態度，進んで勉強をするという態度などはすべて，「心」の現れです。ガニェは，「心」の問題は行動に現れると考えます。気持ちの持ち方によって，

その人の態度，つまり行動の選択基準が変わっていきます。黒人に握手を求められたとき，抵抗感なく進んで握手をするか，それとも避けるか。ふと時間が空いたとき，次の日の予習をするか，それともテレビゲームをやるか。そんなところ（行動の選択）に人種差別や勉強への態度が現れるのです。

　情意領域は「心」にまつわる課題ですから，「からだ」や「あたま」の場合以上に，目標に達成したかどうかを確かめるのがむずかしい領域です。人の気持ちを判断することはどんな場合でもむずかしいですし，本人に直接聞いても本音で答えてくれるかどうかもわかりません。まして，それがテストであるとすれば，本音よりも建て前で答えることが自然かもしれません。例えば，年々深刻化してきている「地球環境」の問題を取り上げて，「地球にやさしい心を持ってもらう」ことを目標に教材を作った場合，環境保護への積極的な態度を持ってもらうことに成功したかどうかをどうやって確かめたらよいでしょうか。

　1つの手段は，「地球環境」をテーマに作文を書いてもらい，その中に，どの程度「やさしい心」が表れているかをチェックする方法が考えられます。**論文式のペーパーテスト**です。この方法の難点は，建て前と本音が区別しにくいところにあります。「地球環境」についてのやさしい心は，地球が現在おかれている状況を知るところから始まります。さまざまな知識が必要になります。しかし，知識を持つだけでは「言語情報」の課題，つまり「あたま」で理解することにしかなりません。この知識があれば，立派な作文を書くことができます。建て前は「地球にやさしく」，本音は「面倒なことはやらない」であれば，地球環境の問題についての知識は持っているが，環境保護への積極的な態度は育っていない，ということになります。作文で，この違いを見きわめるのはとても困難です。

　次に考えられる手段は，建て前を避けるために本人に気づかれないようにテストすること，つまり観察です。態度は何気ない行動に現れますので，例えば，買い物では自分の袋を持参してポリ袋を断っているかとか，リサイクル運動に積極的に参加しているかとか，チェック項目を用意して毎日の生活を**観察する**のです。この方法で，態度がよくわかることがあります。例えば，講義中熱心に聞いているか，遅刻はしないか，ノートは取っているか，質問をしに来るか，参考文献を図書館で探したかなどをチェックすれば，どの程度講義に積極的な

態度で臨んでいるかは判断できます。しかし，この方法の難点は，一つには時間がかかること，もう一つは本人に気づかれてしまうことが多いことです。気づかれた時点で，それを観察されているのならば，そこだけ気をつけて行動しようと思われ，建て前が顔を覗かせます。本音は，観察している間だけ，隠れてしまうのです。

　3つ目の手段としては，**「印象」を聞く**ことで「心」に迫るSD法（Semantic Differential；意味微分法）と呼ばれるテストがあります。この方法は，「きれい─汚い」「おもしろい─つまらない」などの反対の意味の形容詞対を左右において，とても，やや，どちらとも言えない，やや，とてもの5段階などで気持ちを表現してもらうという方法です。この方法を用いれば，少なくともよい印象を持ったかあるいはわるい印象を持ったか，それはどの程度強い印象だったかを判断することは可能です。直観的に記入してもらうので，時間もあまりかかりません。アンケート調査などで，よく見かけるやり方ですね。反対に，この方法の弱点は，直接的でないことです。いろんな形容詞を並べてみても，それがどんな具合に「態度」につながっているのか，解釈することがむずかしいときがあります。しかし，簡単ですし，大まかなところでは気持ちの方向性が浮かび上がってきますので，便利な方法です。

　ガニェの推奨する方法は，**行動の意図**を問うことです。「どう思うか」を質問するのではなく，「あなただったらこんなときどうするか」を問うのです。例えば，「人種差別についてどう思いますか」と聞けば，建て前で答える人でも，「黒人が隣に引越してきたら近所づきあいをしますか」「イラン人が職場に入ってきたら積極的に声をかけますか」「あなたの娘が韓国人と結婚することを許しますか」と聞けば，本音を覗かせるかもしれません。気持ちによって行動が分かれると思われる問題場面を設定し，「もしあなたなら」と詰め寄るのです。同じように，教材が終わったときに「この教材の続きができたらまたやりたいですか」と尋ねたときに「いいえ」や「わからない」と答えるようであれば，あまりいい感触を持ってくれなかった（教材を続けることに対しての積極的な態度を育てられなかった）と判断して間違いないでしょう。ここで肝心なのは，一般的な状況ではなく，なるべく個人的で具体的な行動の場面を複数設定することです。これでも本音が出るという保証はありませんが，少しで

も本音に近づく手段として有効だと思います。

ペーパーテストの形式

　さて，あなたの教材で教えようとしていることが，どの学習課題の種類に分類されるかを考えることで，どんなテストを作ればよいか，どんな問題にすればよいか，想像できるようになったでしょうか。次は，実際にあなたの教材についてのテストを作成することになります。このテストに合格ならば，教材で教えたかったことは間違いなくマスターした，と判断できるようなテストを用意するのです。

　「テスト」と一口に言っても，さまざまな研究者によって，いろいろなテストの方法があみだされてきました。「教育評価」の研究と呼ばれる分野の成果です。ここでは，認知領域の評価のためによく用いられているペーパーテストの形式を表4-1に列挙します。さて，あなたの教材には，どの形式のテストがふさわしいでしょうか。

表4-1　ペーパーテストの諸形式

論文体テスト（記述式のテストで，文章で答えさせる方法）
　　　例：金魚の飼い方を説明せよ。
　　　　　日本とアメリカの平等についての考え方を比較せよ。
　　　　　戦争放棄に対してどう考えるかを述べよ。

客観テスト

再生形式（選択肢なしで書き入れる方法，次の4つがある）
　単純再生法：アメリカの現大統領は誰か。次のひらがなを漢字に直せ。
　　　　　　　次の計算をせよ。次の図のア～オの箇所の名称を答えよ。
　完成法（穴埋め法）：次の空欄に適語を埋めて文章を完成せよ。
　訂正法：次の文のまちがいに下線を引き，それを訂正せよ。
　序列法：大きい順に番号をつけよ。年代順に並び替えよ。

再認形式（正しいものを選択する方法，次の4つがある）
　真偽法：正しいものには○，正しくないものには×をつけよ。
　多肢選択法：次の中から正しいものを1つ記号で選べ。
　　　　　　　次のうち，ロッテ所属の野球選手の名前はどれか。
　　　　　　　まちがったものが1つずつ入っているのでそれを○で囲め。
　組み合わせ法：左の作者と右の作品を線で結べ。
　　　　　　　　下の事件と関係のある人物を右から選んで記号で答えよ。
　選択完成法（穴埋め法）：次の文章の空欄にあてはまる語句を下群より選
　　　　　　　　　　　　　んで番号を記入せよ。

問題場面テスト（解釈法）：教材の中では考えなかった，新しい問題場面で，
　　　　　　　　　　　　　新しい解決のアイデアを出させるテスト。回答形
　　　　　　　　　　　　　式は論文体か客観テストの形式となる。
例：正男は金魚屋から金魚を3匹買って金魚鉢で育てたが間もなくみんな死ん
　　だ。そこで他の店から3匹買ってきたがそれも次々に死んだ。飼い方のど
　　こがまずかったのか，どんな点を調べてみる必要があるか。

事例

「釣り入門」の大場君は、どんなテストを用意したのでしょうか。テストについての大場君の考えを聞いてみましょう。

「釣り入門」の場合，実技編と知識編は別々にテストを作らなければならないだろうな。実技編は，「餌をつけられる」「竿を振れる」という筋肉の運動をともなうものだから，ガニェ先生の言葉でいえば「運動技能」になるのかな。やり方を知っていることと実際にできることはたしかに違う。釣りでも能書きばかりで実際に魚が釣れないやつが多いからな。テストは「実技テスト」にしなければ。チェックポイントや合格基準をあらかじめ作っておくことがたいせつとのこと，まずそこから始めよう。

知識編は認知領域の学習課題，ということになる。魚の名前を覚えたり，道具の名前を覚えたりするのは「応用」というよりは「暗記」なので，ガニェ先生の分類では「言語情報」になるのかな。教材に出てこなかった内容をテストに盛り込むのはルール違反か。そういえば，教科書で習ってもいない問題がテストに出て，ずいぶんと泣かされてきたっけ。ま，成績に差をつけるためのテスト（相対評価）だったとしたらそれは仕方がないことなのかなあ。でも今回の教材作りでは違う。覚えてほしいことを覚えた人は，全員が100点をとれるようなテストにしなければならない。そうなると，教材で説明する予定のことをテストの形で用意すればいいわけだ。

ペーパーテストにもいろんな種類があるようだけど，魚や道具の絵を見せて，「これは何ていうのでしょうか」と質問するテストでいいな。再生式と再認式か。選択肢の中から選ばせる再認式だと偶然にあたる可能性もあるから，ここは書かせる形式（再生式）がいい。絵の横に空欄を設けて，その中に書き入れる方法でいい。これはテストの形式でいえば「単純再生式」にあたるやり方なのかな。

さて，テストを作るとするか！

第4章のまとめ

　相対評価と絶対評価の違いをまとめると，次のようになります。学習課題の種類とそれぞれの種類に適するテストの一般的な性質，テスト問題を表4-2にまとめました。

	「相対評価」	「絶対評価」
別名	集団準拠テスト	基準（目標）準拠テスト
判断基準	平均との比較，順位	目標への到達度，合否判定
典型例	5段階評価	自動車運転免許試験
	入学試験	各種資格試験
作成基準	弁別力	整合性

表4-2 学習課題の種類と出入口の明確化

学習課題	言語情報	知的技能	運動技能	態度
課題の性質	指定されたものを覚える（名前，公式，文章<暗唱／要約>）	ある約束ごとを未知の（新しい）例に応用する（概念／ルール学習）	筋肉を使って体の一部を動かす／コントロールする	個人的な選択の機会があったときにあることがらを選ぼう／避けようとする気持ち
課題の例	県庁所在地 憲法の前文 九九 英単語	2桁の足し算 学習課題の分類 書き換え問題	自動車の運転 パソコンのタッチタイピング 目玉焼きを作る	環境にやさしい生活の習慣 引き続き学習しようと思うこと
目標行動を表す言葉	述べる 言う 説明する あげる	応用する 適用する 分類する 区別する 解く	行う 実演する	選ぶ 自発的に××する 拒否する 他の活動を選ぶ
評価の観点	再認か再生か？ 再認：○×方式 　　　多肢選択式 　　　線で結ぶ方式 再生：自由解答 　　　空欄記入式	未知の例に適用させる（再生が基本） 再認→つまずきに応じた選択肢 場合分け（難易度と出題の幅）	実演が基本（「知っている」と「できる」は違う） チェックリストの活用 正確さ，速さ，スムーズさ	行動観察か行動意図の表明か？ 観察：チェックリストの活用，場の設定 意図：行動のシミュレーション
評価問題の例	<再認> （　）群馬県の県庁所在地は宇都宮市である （○か×を記入） 群馬県の県庁所在地は何番？（　） 1. 前橋市 2. 宇都宮市 3. 群馬市 4. その他 <再生> 群馬県の県庁所在地は（　）市である	説明や練習で使っていない例を用いて： 次の学習目標はどの種類に属するかを記入せよ …… 次の計算をせよ 54+28=（　　） …… 次の文を【　】内の指示に従って書き直せ ……	実際に車を運転して卒検コースを回る（チェックリストで減点10点未満で合格） 実際に目玉焼きを作る（3個作って2つ以上目がこわれなければ合格）	<観察> 生協で「袋はいらない」と断るかどうかなどの行動を観察する <意図> この続きをやりますか？Yes/No 無報酬ですがいいですか？Yes/No 自分の行動は次の人とどの程度似ていますか？（同じ，似ている，やや違う，正反対のどれかに○）

練習

1．次のテストは，相対評価と絶対評価のどちらにあたりますか。
　　　（あ）予備校で行う全国共通模擬試験
　　　（い）危険物取り扱い責任者資格認定試験
　　　（う）クラスの中での順位を知るための試験
　　　（え）学習目標に到達したかどうかのチェック
　　　（お）運動会の100メートル競争

2．次にあげる学習目標に対して，どの学習課題の種類に分類されるかを答え，テスト問題を作りなさい。ただし，問題は1問ずつでよい。
　　　（あ）ヨーヨーで半回転技ができるようになる。
　　　（い）2桁以上の掛け算ができるようになる。
　　　（う）動物の名前を20個，英語で書けるようになる。
　　　（え）漢和辞典がひけるようになる。
　　　（お）地球温暖化メカニズムについて説明できるようになる。

3．あなたが今計画中の教材について，前提テストと事前・事後テストを作りなさい（答えは別紙に，そのままテストとして使えるものを用意すること）。

フィードバック

1．相対評価は（あ），（う），（お）　絶対評価は（い），（え）

2．（あ）　学習課題の種類＝運動技能（やり方を学んで，手の筋肉を動かしてできるようになる課題だから）
　　＜テスト問題の例＝実技テスト＞
　　（口頭で指示する）
　　　　ヨーヨーの半回転技をやりなさい。
　　　　5回の試技で3回成功したら合格とする。

（い）　学習課題の種類＝知的技能（繰りあがりの方法などを学んで，それをどんな計算にも応用できるようになる課題だから）
　　＜テスト問題の例＝実技テスト（単純再生法）＞
　　（教材にでてきた数字は用いないで，新しい問題を使う）
　　　　次の計算をしなさい。

$$\begin{array}{r}345\\\times 321\\\hline\end{array} \qquad \begin{array}{r}208\\\times 809\\\hline\end{array} \qquad \begin{array}{r}99\\\times 671\\\hline\end{array} \qquad \begin{array}{r}3476\\\times \ \ 45\\\hline\end{array}$$

（う）　学習課題の種類＝言語情報（指定された20の英単語を覚える課題だから）
　　＜テスト問題の例＝実技テスト（単純再生法）＞
　　（教材にでてきた動物の名前だけを使う）
　　　　次の動物の名前を英語で空欄に書きなさい。
　　　　　　豹（ひょう）：（　　　　　）　　かば：（　　　　　　　）

（え）　学習課題の種類＝知的技能（辞典のひき方の手順を学んで，どの漢字でもひけるようになる課題だから。手を動かすけれど，運動的要素は「ページをめくる」ことだけなので，運動技能の課題ではない）

＜テスト問題の例＝実技テスト（単純再生法）＞
（教材にでてきた漢字は用いないで，新しい問題を使う。辞典を使わないで知っていて答えられると漢和辞典の使い方がわかったかどうかチェックできないので，むずかしい漢字を使って，念のためどのページにあったかも答えさせている）
　　次の問いに答えなさい。ただし指定された漢和辞典を用いること。
　　１．「菱」の音読みは何ですか。また「菱」とは何のことですか。漢和辞典の記載ページも答えること。
　　　　　　音読み：（　　　　　　）
　　　　　　何のことか：（　　　　　　　　　　　）
　　　　　　記載ページ：（　　　　ページ）

　（お）　学習課題の種類＝言語情報（教材で説明されたメカニズムを覚える課題だから。地球温暖化というテーマを扱っていても，メカニズムをあたまで把握する課題なので，理解しているかどうかが問題となる。温暖化防止の「態度」を身につける基礎にはなるが，温暖化を防止しようという「態度」を直接目標としているわけではない。したがって，「態度」に分類するのは誤り）
　　＜テスト問題の例＝論文体テスト＞
　　　　地球温暖化のメカニズムを200字以内で説明しなさい。
　　または，
　　＜テスト問題の例＝客観テスト（完成法）＞
（地球温暖化についての文章をキーワードを空欄にして提示し，その中に言葉を埋めさせる）
　　　　次の文章の空欄を適語で埋めなさい。

３．「釣り入門」の大場君が作ったテストを次に紹介します。あなたが作ったテストを，次の観点からチェックしてください。
　　（１）学習目標の種類は何か
　　（２）学習目標の種類に適したテスト形式か

（3）テストはすぐ使える状態か（回答欄が用意してあるか）
（4）正解は（テストとは別に）用意してあるか
（5）何をどう答えたらよいかがわかりやすいか

---————————— 「釣り入門」前提テスト ——————————

1．口頭で，「あなたは魚に触れることができるか」を質問する。
　Yesで合格，事前テストに進ませる。
　Noで不合格，教材使用を断わる。

———————————— 「釣り入門」事前・事後テスト ————————————

1．知識編の問題（ペーパーテスト：単純再生式→次のページに掲載）
　解答：（1）順にヘラブナ，ヤマメ，ニジマス，イワナ，アユ，コイ
　　　　（2）順に全長，体高，エラ，背ビレ，体長，尾高
　　　　（3）順に竿，ウキ，おもり，ハリ，道糸，しかけ
　合格基準：（1）と（2）は6問中4問以上，（3）は6問全問正解

2．実技編の問題（実技テスト：口頭で出題し，実演させる。）
（1）餌をつくりなさい。
　条件：餌の代用品にトイレットペーパーをちぎったものを使う。親指程
　　　　度に丸めた形で5個つくること。
　合格基準：制作時間は2分以内，餌の溶解時間は1分以上3分以内で合格。

（2）道具を整えなさい。
　条件：竿と糸，糸と針，針と糸をつなげること。代用品として，用意さ
　　　　れた棒，糸，クリップを使う。
　合格基準：作業時間は5分以内，結び方が教材で指定したとおりで合格。

（3）竿をポイントにふってみなさい。
　条件：実技テスト（2）で不合格のものは実演を認めない。ポイントは
　　　　竿の長さ以上で竿と糸の長さ以内に置く。ポイントの大きさはB
　　　　5の紙を5箇所とする。
　合格基準：糸が手を放した後ポイントに着くまで床に触れないこと，餌
　　　　がポイントに着くまでとれないこと（毎回付け直してもよい）の
　　　　2つの条件を満たして成功とし，5回中3回以上の成功で合格。

「釣り入門」事前・事後テスト（知識編）

問1　次の魚の名称を答えよ。

ⓐ (　　　　　)　　ⓓ (　　　　　　)
ⓑ (　　　　　)　　ⓔ (　　　　　　)
ⓒ (　　　　　)　　ⓕ (　　　　　　)

問2　魚体名称を答えよ。

ⓐ (　　　　　　)
ⓑ (　　　　　　)
ⓒ (　　　　　　)
ⓓ (　　　　　　)
ⓔ (　　　　　　)
ⓕ (　　　　　　)

問3　道具の名称を答えよ。

ⓐ (　　　　　　)
ⓑ (　　　　　　)
ⓒ (　　　　　　)
ⓓ (　　　　　　)
ⓔ (　　　　　　)
ⓕ (　　　　　　)

第5章 教材の構造を見きわめる

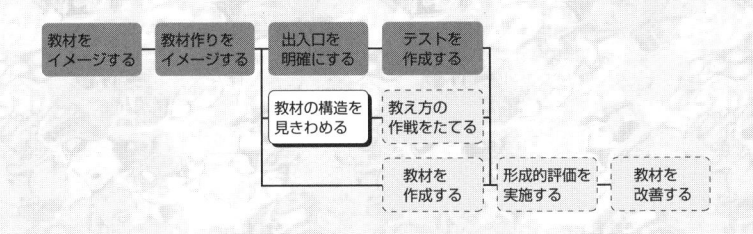

```
教材を          教材作りを       出入口を        テストを
イメージする     イメージする     明確にする       作成する
                              │
                              教材の構造を     教え方の
                              見きわめる       作戦をたてる

                                              教材を      形成的評価を    教材を
                                              作成する    実施する        改善する
```

学習目標

1. 学習課題の種類に適する課題分析図が作れるようになる。
2. 課題分析図に示されている学習目標の学習順序が指摘できるようになる。

背景

　　　　教材の責任範囲を明確にするために，第3章でどんな人を相手に（入口），何を教えるのか（出口）をはっきりさせ，その判断基準としてのテストを第4章で作りました。これで，入口を入った教材の利用者を責任持って出口に導くための教材を作る最低限の準備ができました。作った教材がよかったのか，わるかったのかを判断する「ものさし」は用意できました。

　この先には，2つの道があります。その1つは，とにかく自分自身のアイデアで教材を形にしてみようとする道です。とにかく作ってみようと考えている読者は，この章（第5章）と次の章（第6章）を飛ばして，第7章に進んでまず教材を作ってみましょう。

　しかし，教材作りに進む前に，もう少し準備がしたい人には，教材作りの研究の中でこれまでに蓄えられたノウハウを勉強する時間をとるとよいでしょう。この章では，入口に立った教材使用者にとって，何をクリアーすれば出口に無事たどり着けるかを明らかにします。教材の中に何を盛り込む必要がある

のかを明らかにする手順を「課題分析」といいます。

　今計画している教材は比較的短時間で勉強できるもの（のはず）ですから，教材の中がそんなに複雑にならないかもしれません。しかし，教材を初めて作るときは，多くの人が，**「一度に多くのことを教えようとしすぎる傾向」**があります。課題分析を行うことによって，明確にしたはずの学習目標をもう一度見直して，教材の規模を再確認し，無理を少なくする効果が期待できます。さらに，教材の構造を明らかにすることで，その次の「教え方」の作戦（第6章）を考えるためのヒントも得ることができるでしょう。

課題分析

　　　　教材のゴール（出口）として設定した学習目標をマスターするために必要な要素とその関係を明らかにする方法を「課題分析」と呼びます。山登りに例えるならば，ゴールが山頂だとすると，8合目には何があり，5合目には何が待ち構えているかなどを明らかにし，教材で何を教える必要があるのかを確かめるために行う作業です。学習課題を分析していくと，学習目標（出口）にたどり着くための要素が一つずつ明らかになり，最後には，入口（前提条件）が見えてきます。つまり，**出口からさかのぼって，入口まで逆行する**ように進み教材で取り扱う内容を明らかにします。いつもどこからスタートしてどこに向かって進んでいるのかを意識することで，むだなく無理のない教材の骨格をつかもうとします。

　教材の骨格は，教材で教えようとしている学習目標の性質によって異なるということがこれまでの研究で明らかになっています。したがって，学習課題の種類ごとに異なる課題分析の手法が提案されています。それを次に一つずつ紹介します。自分が作る教材に含まれている種類の学習目標に特に注意して，内容を把握するように心がけるとよいでしょう。

クラスター分析：言語情報の課題分析

　　　　「言語情報」に分類される学習目標には，暗記しなければならな

いことがいくつか含まれます。「覚える」ことを効果的に行うためには，一つひとつの項目を別々に「丸暗記」しようとせずに，関連のあるものどうしを結びつけたり，互いにまぎらわしいものどうしを区別したりするとよいと言われています。学習目標に含まれている項目を洗い出し，それを相互の関連性によって**かたまりに分ける分析方法を「クラスター分析」**といいます。

例えば，「秋田弁の基礎的な単語を教える」ことを出口に設定した教材は，言語情報の課題に分類されます。ここで，「基礎的な単語」といっても，いったいどんな単語をいくつ覚えなければならないのでしょう。覚えてもらいたい単語が30個あったとしても，それを一度に説明して「さあ覚えてください」と要求しても荷が重すぎます。人が一度に覚えられるのは7つ前後であるという説（ミラーのマジックナンバー7±2）もあります。お互いに関連のある単語をまとめて覚えてもらったり，まぎらわしい単語を対比しながら覚えられるようにまとめたりすると，少しは楽に覚えられるようになるでしょう。

図5-1に，体の部位についての英単語38個を6つのクラスター（かたまり）に分解した例を示します。この分類では，場所が近い単語どうしを集めることで，同じ「顔」に関する単語をまとめて覚えてもらおうと考えたようです。こ

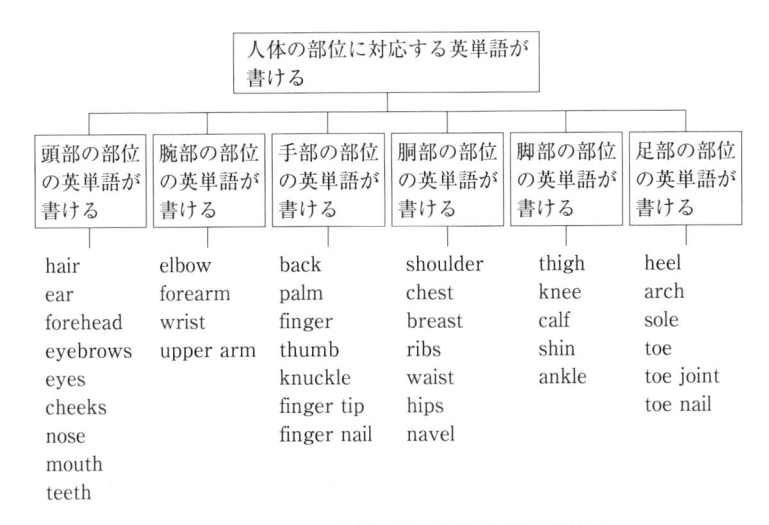

```
                    人体の部位に対応する英単語が
                    書ける
   ┌──────┬──────┬──────┬──────┬──────┬──────┐
 頭部の部位  腕部の部位  手部の部位  胴部の部位  脚部の部位  足部の部位
 の英単語が  の英単語が  の英単語が  の英単語が  の英単語が  の英単語が
 書ける     書ける     書ける     書ける     書ける     書ける

 hair       elbow      back       shoulder   thigh      heel
 ear        forearm    palm       chest      knee       arch
 forehead   wrist      finger     breast     calf       sole
 eyebrows   upper arm  thumb      ribs       shin       toe
 eyes                  knuckle    waist      ankle      toe joint
 cheeks                finger tip hips                  toe nail
 nose                  finger nail navel
 mouth
 teeth
```

図5-1　クラスター分析の例：英単語「体の部位」

のほかにも、英単語の場合ですと、単語の長さや、綴りの類似性（例えば同じeで始まる単語どうし）で分類することもできるでしょう。たぶん「秋田弁」の場合も、同じ様な分類方法が考えられると思います。要するに、覚える人にとってどうすれば覚えやすいか、覚えるときに障害になりそうなことは何かを考えて、かたまりを工夫することがたいせつです。

言語情報の課題の場合、どのかたまりを先に学習しないと次に進めないといった**順序性がないのが特徴的**です。したがって、クラスター分析で分けられたかたまりのどれから学習してもかまわないことになります。上下に配列せずに並行的に配置することで、この関係を表しています（次の階層分析と対比すると理解が深まります）。

階層分析：知的技能の課題分析法

「言語情報」は覚える課題ですが、「知的技能」では応用力が試されます。知的技能の課題分析法は、ロバート・M・ガニェによって研究され、広く知られている「階層分析（学習ヒエラルキー）」を用います。**階層分析**では、学習目標よりも基礎的な知的技能にどのようなものがあるかを明らかにし、**知的技能のピラミッド**を作ります。

図5-2に繰り下がりのある「引き算」の階層分析を示します。引き算と一言で言っても、さまざまな場合が考えられます。「引き算ならばどんなものもできるようになること」を学習目標にした場合では、「この目標を学習するために不可欠な、より基礎的な目標は何か？」を問い、いろいろな引き算の種類を洗い出します。上から始めて徐々に簡単な形の引き算が登場しますが、最後には、教材を使うための「前提条件」として入口でチェックする問題が出てきたところでピラミッドの底辺とします。こうして洗い出されたさまざまな種類の引き算をすべて、責任を持って教えられることになるわけです。

知的技能の場合、学習の順序性ははっきりしています。線でつながった目標どうしは、**下の目標が上の目標のための「前提条件」**になっているので、下から上に進む必要があります。2つ以上の目標がぶら下がっている場合には、そのどちらの目標からやってもかまいませんが、両方ともマスターしないと上へ

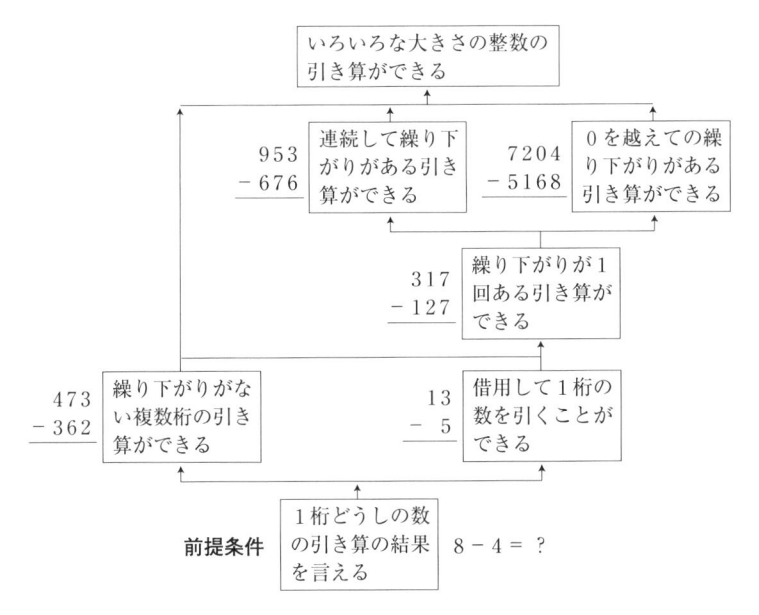

```
                              ┌─────────────────┐
                              │ いろいろな大きさの整数の │
                              │ 引き算ができる      │
                              └─────────────────┘
                    ↑                  ↑                   ↑
         ┌──────────────┐   ┌──────────────┐
    953  │ 連続して繰り下  │  7204 │ 0を越えての繰   │
  - 676  │ がりがある引き  │ -5168 │ り下がりがある   │
         │ 算ができる    │       │ 引き算ができる   │
         └──────────────┘       └──────────────┘
                    ↑                  ↑
                         ┌──────────────┐
                    317  │ 繰り下がりが1  │
                  - 127  │ 回ある引き算が │
                         │ できる       │
                         └──────────────┘
                    ↑                         ↑
    ┌──────────────┐              ┌──────────────┐
473 │ 繰り下がりがな │         13   │ 借用して1桁の  │
-362│ い複数桁の引き │         - 5  │ 数を引くことが │
    │ 算ができる    │              │ できる       │
    └──────────────┘              └──────────────┘
                    ↑                  ↑
                         ┌──────────────┐
              前提条件    │ 1桁どうしの数  │ 8-4=?
                         │ の引き算の結果 │
                         │ を言える      │
                         └──────────────┘
```

図5-2　階層分析の例：「引き算」

は進めません。階層分析が完成すると，どの順序で教えるか，どの順序で学ぶかがある程度はっきりすることになります。

手順分析：運動技能の課題分析法

　さて，次は運動技能の課題分析法「手順分析」です。その名のとおり，運動をともなう課題をどんな手順で実行するかを分析するものです。学習目標としている運動技能を実演するときに，**「まず何をして次に何をするか」を一つひとつ列挙し**，それを順番に並べます。運動技能の課題が２つ以上あるときは，課題一つずつについてこの分析を別々に行う必要があります。

　図５-３に，ゴルフのパットを打つという課題についての手順分析を示します。ゴルフのボールがグリーンに乗ったとき，ボールをどの方向で，どの程度の強さでころがせば穴に入るかを計算しなければじょうずなパットを打つことはできません。そのうえ，ただの「評論家」になるだけではなく実際にボール

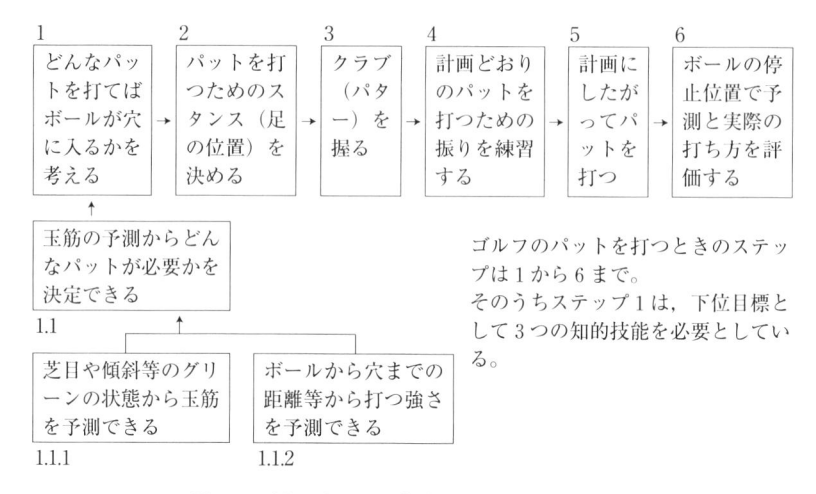

```
┌─1──────┐  ┌─2──────┐  ┌─3────┐  ┌─4──────┐  ┌─5────┐  ┌─6──────┐
│どんなパット│  │パットを打│  │クラブ│  │計画どおり│  │計画に│  │ボールの停│
│を打てば  │→│つためのス│→│(パタ│→│のパットを│→│したが│→│止位置で予│
│ボールが穴│  │タンス(足 │  │ー)を │  │打つための│  │ってパ│  │測と実際の│
│に入るかを│  │の位置)を │  │握る  │  │振りを練習│  │ットを│  │打ち方を評│
│考える   │  │決める   │  │     │  │する    │  │打つ  │  │価する   │
└────────┘  └────────┘  └─────┘  └────────┘  └─────┘  └────────┘
     ↑
┌────────┐
│玉筋の予測からどん│         ゴルフのパットを打つときのステッ
│なパットが必要かを│         プは1から6まで。
│決定できる       │         そのうちステップ1は，下位目標と
└─┬──────┬──┘         して3つの知的技能を必要としてい
1.1                          る。
  ├──────┬──────┐
┌─┴──────┐ ┌─┴──────┐
│芝目や傾斜等のグリ│ │ボールから穴までの│
│ーンの状態から玉筋│ │距離等から打つ強さ│
│を予測できる     │ │を予測できる     │
└────────────┘ └────────────┘
1.1.1              1.1.2
```

図5-3　手順分析の例：「ゴルフのパットを打つ」

を打って入れることができるようになるためには，その計算を実行に移すための筋肉の動きが求められます。この例にあるように，多くの運動技能には，ステップ（手順）に分解してみると，それぞれのステップに必要な知識が浮かび上がってきます。その知識は状況を見きわめるための「言語情報」あるいは計算などの「知的技能」に分類される学習目標になります。ステップの下にそのステップを実行するために必要な知識の目標をぶらさげて書くと，「あたまで理解していなければならないこと」と「実際にできるようになること」との関係が明らかになります。

　運動技能では，学習の順序はふつう，矢印の進む方向へ左から右へ進めます。一つひとつの要素を独立して練習したあとで，全部の手順をとおして練習することになります。認知的な目標がぶら下がっている要素の場合は，その要素を学習する際に，まず頭で理解していなければならないことを学んでから実技の練習に入ることになるでしょう。

態度の課題分析法

　最後に，情意領域の課題の分析法についてふれておきます。態度

の学習に必要な要素の分析法は，認知領域の課題や運動技能のように確立されていません。あたまやからだについての学習課題に比べて，**気持ちについての学習課題**では，これとこれをクリアーすれば気持ちが変わる，といった**公式が立てにくいから**です。

　そこで，態度学習の分析では，目標とする気持ちに関連した「あたま」の学習目標，つまりどんな言語情報や知的技能を学ぶことが効果的かを分析します。頭で理解することと気持ちが揺れ動いて態度が形成されることとは同じではありません。たばこの害は百も承知なのにどうしても「たばこを控える」という気持ち（態度）がもてない，といったたぐいの話はよく聞きます。「わかっちゃいるけどやめられない」ともいいます。しかし一方で，**知ることは気持ちを変える一歩**にもなります。たばこの害についての公告をテレビなどで流すことで，なんとか気持ちを変えてほしいと願いを込めるのは，まずは害について知ってもらうことが第一と考えるからです。

　図5-4に，近ごろ何かと話題の「地球にやさしい生活」を心がける態度を持ってもらうための教材についての分析例を示します。環境問題に関心を持たせて環境に負担をかけない生活態度を広めることは，今日の大きな課題である

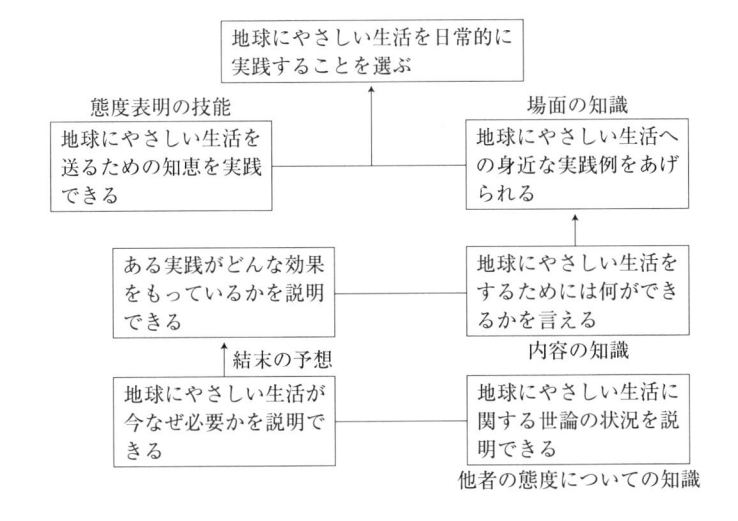

図5-4　態度学習の分析例：「地球にやさしい生活」

といわれています。これは，「知っているだけではなく実践することを選ぶ」ことがたいせつなので，態度の学習になります。

その気持ちを持ってもらうためには，ただ「環境に気をつけてください」と言い続けただけでは，あまり効果が期待できません。では，どんな援助が可能でしょうか。まず，何をすることが「地球にやさしい」ことなのかを伝えることができます（内容の知識）。そして，それがどんな生活場面で実践されているのかの例も紹介し「やろうと思えば機会は身近にありますよ」というメッセージを伝えることが可能です（場面の知識）。さらに，どうしてその行動が地球を救えるのか，なぜ今それが求められているのかなどの知識を深めることで，行動の意義が納得できるかもしれません（結末の予想）。また，どの企業でも環境問題に取り組む時代であること，社会的に認められている態度であることを知らせることで，プレッシャーを（よい意味で）与える効果も期待できるでしょう（他者の態度についての知識）。これらはすべて，言語情報に属する学習課題が態度を育てる例です。

さらに，図の左側には，「地球にやさしい生活」を**実践するための実技の習得**があげられています（態度表明の技能）。これは，例えば生協で牛乳パックを回収していることを知っていたとしても（場面の知識あり），どうやって牛乳パックを出したらいいのかがわからず，やりたくてもできない，できないからやらない，という悪循環が心配されるからです。その点から，「牛乳パックを回収に出すためのルールに従って，準備ができる」という運動技能の目標も態度学習を支えていることがわかります。

「地球にやさしい生活」という例で，さまざまな関連目標が態度学習を支えていることを見てきましたが，他の態度学習でも同じように関連目標を見つけることができます。「その態度を選択する意味は／理由は何か」を問うことで態度を持つために必要な情報を見つけ，また「その態度を行動に表わすときには何ができる必要があるか」を問うことで，態度表明に必要な技能を見つけることができるでしょう。

課題分析図を用いた出入口の再チェック

　　　　図5-1～図5-4のような課題分析図を描いてみると，図に登場する目標の中に，教材の前提条件として仮定したものが含まれていることに気づくでしょう。知的技能の階層分析では，下の方に前提条件が出てきたときに，分析をストップします。それ以上の基礎技能はすでに取得しているはずですので，分析を続けても意味がありません。また，運動技能の手順分析では，手順に含まれるステップの中のいくつかには前提条件が含まれるでしょう。そのステップは改めて教える必要はありませんが，手順の1つとして実行されることになります。課題分析図に示された要素を点検することで，教材の出入口を再確認することができるわけです。

　教材の責任範囲は出入口を決めたときに明らかになっています。しかし，入口から出口までの道のりがどの程度遠いものなのか，**はたして1時間で学習できるのか**は，課題分析で要素を洗い出してみないと確実には判明しません。さらに，課題分析図を描いてから事前／事後テストを見直すと，テストでカバーしていない要素が見つかるかもしれません。まんべんなく出題されているか，また，問題数が少なすぎないかも見直すとよいでしょう。例えばクラスター分析を行ったら，**テストに全然出題されていないかたまりがないか**をチェックしましょう。もちろん，それぞれのクラスターから過不足なく出題するように調整する必要があります。全部で覚えなければならない項目が40個あるのにテストには5問しかないとすれば，少なすぎます。

　教材分析をした結果，当初めざしていた**出口（学習目標）が入口から遠すぎるところに設定されていることに気づく**ことがあります。とても1時間では手に負えないと思ったら，この時点で出入口を見直すことも考えましょう。当初の学習目標に「制限」を設け，出口を入口に近づけるのも1つの手です。図5-2でいえば，「すべての引き算」を1回で解答することをめざすよりは，まず1時間目の目標を「繰り下がりが1回だけある引き算」に下げ，「0を越えての繰り下がり」や「連続繰り下がり」は2時間目にまわすことにすれば，当初の教材計画よりも出入口のギャップが小さめに抑えられます。

事例

「釣り入門」の大場君は，どの分析法を用いて課題分析をやろうとしているのでしょうか。課題分析についての大場君の考えを聞いてみましょう。

　「釣り入門」の場合，実技編と知識編は別々に分析しなければならないだろうな。実技編は，運動技能だから手順分析。「餌をつける」「竿を振れる」の2つの目標について，別々に手順を洗い出す必要がある。餌のつけ方の場合は手順といってもそんなに複雑なものではない。ミミズを準備して，針を整えて針に通して，しっかりついているかを確認する，というのが手順といえば手順かな。竿の振り方のほうはゴルフのパットに似ているな。竿を振る前にねらいを見きわめて強さを計算して，それから振って，狙いに命中したかどうかで最初の計画を評価する。これは使えるな。

　知識編は認知領域の言語情報だからクラスター分析。魚の名前や道具の名前など，種類を分けて，それぞれにいくつずつ，どんな名前が登場するかを洗い出せばよい。そういえば，今までに魚の名前や道具の名前をいくつ覚えてもらうかははっきりと考えてなかったっけ。全部で1時間しかないわけだから，あまり多くを要求したら酷だな。分析図を描きながら絞り込んでいこう。

第5章のまとめ

表5-1に，学習課題の種類に応じた課題分析の手法とその特色をまとめて示しました。

表5-1 学習課題の種類と課題分析

言語情報	知的技能	運動技能	態度
クラスター分析	階層分析	手順分析	階層／手順分析クラスター分析
関連のある項目やまぎらわしいものどうしを集める；上下関係とは限らない。項目間やすでに知っている事項との関連／相違点を明らかにし，覚え方のヒントを探す。<かたまり型><ネットワーク型>	学習目標から始めて上から下に「この目標を学習するために不可欠なより基礎的な目標は何か？」を探す。見つかった下位目標についても同様にその下位目標を探し，基礎技能からの積み上げのようすを示す。<ピラミッド型>	学習目標の中に含まれている「要素技能」を「まず何をして次に何をするか？」を問うことで実行手順を追って探し，分けて練習できるステップに分解する。ステップごとに下位目標が必要な場合がある。<ステップ型>	「この態度を表明する時には何ができなければならないか？」を問うことで態度表明に必要な知的／運動技能を見つけ，「選択の理由は何か？」を問うことで態度形成に必要な情報を見つける。<複合型>

練習

1. 次に示す図について，以下の質問に答えなさい。

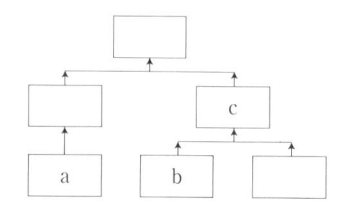

　　（あ）どの分析手法を用いたものですか。
　　（い）その分析手法はどの学習課題の種類に使うものですか。
　　（う）図中のa，b，cはどの順序で教える必要がありますか。

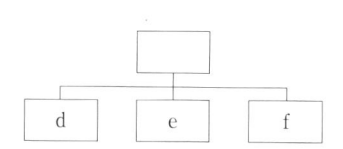

　　（え）どの分析手法を用いたものですか。
　　（お）その分析手法はどの学習課題の種類に使うものですか。
　　（か）図中のd，e，fはどの順序で教える必要がありますか。

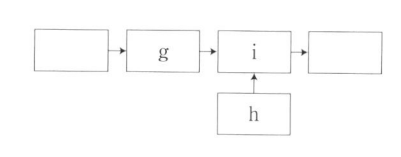

　　（き）どの分析手法を用いたものですか。
　　（く）その分析手法はどの学習課題の種類に使うものですか。
　　（け）図中のg，h，iはどの順序で教える必要がありますか。

2. 次にあげる学習目標に対して，どの課題分析手法が適切かを答え，別紙に課題分析図を作りなさい。

　　（あ）何も見ないで「ドラえもん」を描けるようになる
　　（い）カタカナ一覧を見ながら英単語をカタカナに直すことができる

3. あなたが今計画中の教材について，課題分析図を作りなさい。

フィードバック

1. （あ）階層分析　（い）知的技能　（う）a→b→cの順またはb→c→a　（え）クラスター分析　（お）言語情報　（か）どれが先でもかまわない　（き）手順分析　（く）運動技能　（け）g→h→iの順またはh→g→i

   解説　教える順序について

   　分析図は，課題の構造を明らかにしているので，その構造の順序性をそのまま教えるときの順番に役立てることができます。階層分析では，下の目標が上の目標の前提条件になるので，直接上下関係にある目標（ここではb→c）は，下から上の順序で学習を進める必要があります。しかし，aについては，b，cとの直接の上下関係がないので，aを先にやるか，b，cを先にやるかはどちらでも問題がありません。階層分析が上下関係を示すのに対して，クラスター分析のかたまりの間には上下関係が存在しないのが一般的です。したがって，d，e，fをどの順序で学習してもかまわないのです。同じ認知領域にある2つの学習課題の種類（言語情報と知的技能）の性質の大きな違いが，この上下関係の有無であり，それが違う課題分析手法を用いる理由なのです。

2. （あ）何も見ないで「ドラえもん」を描けるようになる

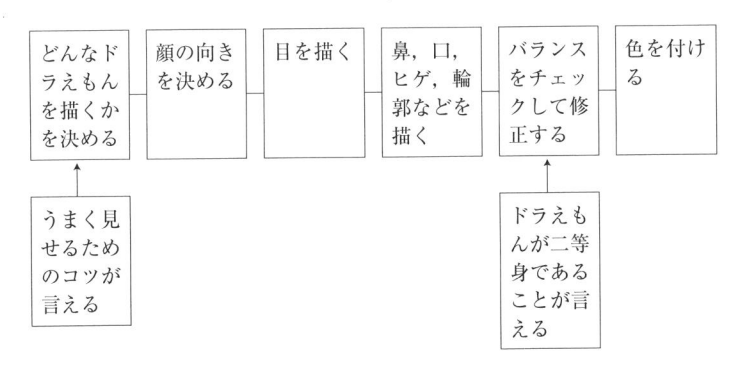

   ```
   [どんなドラえもんを描くかを決める]→[顔の向きを決める]→[目を描く]→[鼻，口，ヒゲ，輪郭などを描く]→[バランスをチェックして修正する]→[色を付ける]
           │                                                              │
   [うまく見せるためのコツが言える]                          [ドラえもんが二等身であることが言える]
   ```

   採用した分析手法：手順分析：課題分析図「ドラえもんを描けるようになる」

   解説　この分析図は，教材「ドラえもんの描き方―上級編―」と題した

三浦君のレポートを一部修正したものです。三浦君によれば「ドラえもんの絵かき歌で一番最初に描くたいせつなところは「目」なので，それを独立したステップとした。顔の向きを決めたらまず目を描く。あとはどんな順序でもかまわない」ということです。この方法が唯一の正解ではありませんので，ドラえもんの絵を描く手順を自分なりに分析して，それを左から右に並べて書いてあれば正解とします。

（い）カタカナ一覧を見ながら英単語をカタカナに直すことができる

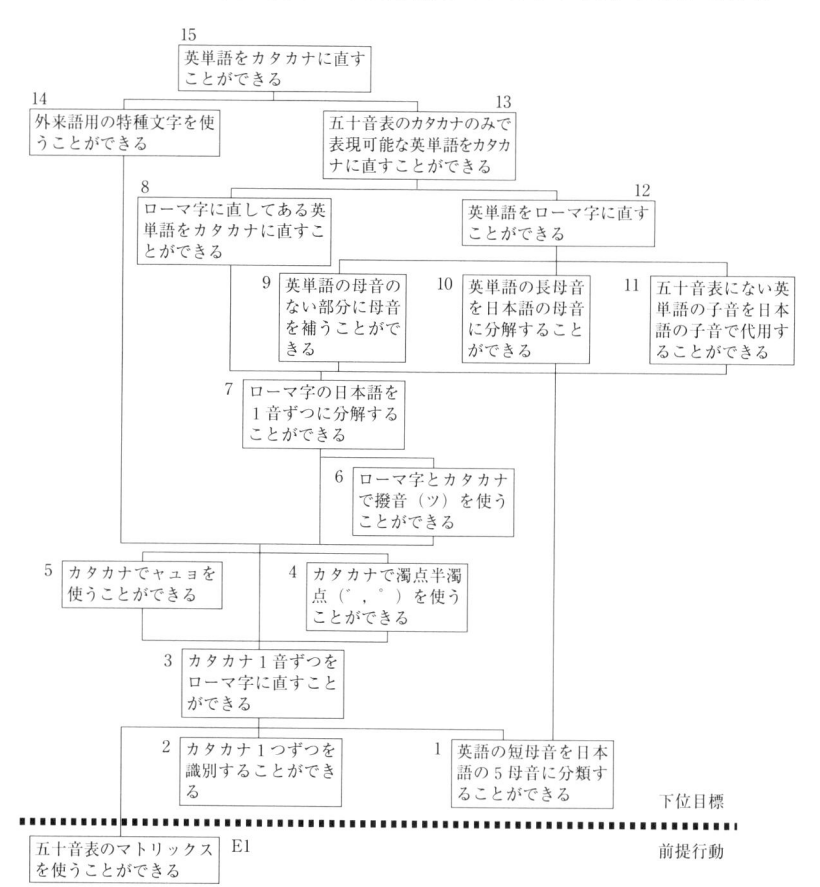

15 英単語をカタカナに直すことができる

14 外来語用の特種文字を使うことができる

13 五十音表のカタカナのみで表現可能な英単語をカタカナに直すことができる

8 ローマ字に直してある英単語をカタカナに直すことができる

12 英単語をローマ字に直すことができる

9 英単語の母音のない部分に母音を補うことができる

10 英単語の長母音を日本語の母音に分解することができる

11 五十音表にない英単語の子音を日本語の子音で代用することができる

7 ローマ字の日本語を1音ずつに分解することができる

6 ローマ字とカタカナで撥音（ツ）を使うことができる

5 カタカナでヤユヨを使うことができる

4 カタカナで濁点半濁点（゛，゜）を使うことができる

3 カタカナ1音ずつをローマ字に直すことができる

2 カタカナ1つずつを識別することができる

1 英語の短母音を日本語の5母音に分類することができる

下位目標

E1 五十音表のマトリックスを使うことができる

前提行動

採用した分析手法：階層分析：課題分析図「英単語をカタカナに直す」

解説 この分析図は，筆者がアメリカ留学中に「Let's Write Your Name in Japanese」と題した外国人向けの教材を作った時のものです。一口に「英単語をカタカナに直す」と言っても，かなり複雑であることがわかります。ファ，ヴェなどの外来語のための文字（目標14）や母音がない場合の補充（目標9；例えばmiss→misu）など複雑な過程はとても一時間では教えきれないので，この分析の結果，外来語のための文字を除外し（目標15から13へ），さらにローマ字にあらかじめ直してある英単語をカタカナに直すことだけ（目標8）に取り組むことにしました。それでも教えなければならないことは8個もあるわけですから。この練習は，課題分析はかなり細かく綿密にやることができることを示す例ですので，「これをやるために必要な目標は？」と上から下に分析して，図にあるような要素がいくつか書いてあれば正解とします。

3．あなたが作った課題分析図を，次の観点からチェックしてください。
　　（1）学習目標の種類に適した分析手法か
　　（2）分析手法の特徴（章のまとめ参照）に添っているか
　　（3）必要な要素はすべて洗い出したか
　　（4）前提条件が一部に含まれているか（言語情報を除く）

第6章　独学を支援する作戦をたてる

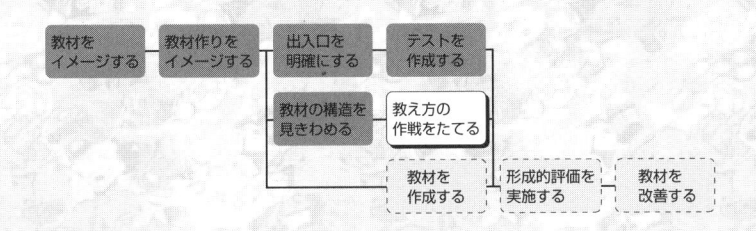

```
教材を      → 教材作りを   → 出入口を     → テストを
イメージする   イメージする    明確にする     作成する
                            ↓          ↓
                          教材の構造を  → 教え方の
                          見きわめる     作戦をたてる
                                       ↓          ↓          ↓
                                     教材を      形成的評価を   教材を
                                     作成する     実施する     改善する
```

学習目標

1. 教材の構成をガニェの9教授事象との関係で説明できるようになる。
2. 「学習のプロセスを助ける作戦」を学習課題の種類に応じて提案できるようになる。
3. 与えられた学習目標と課題分析図をもとに，指導方略表を用意できるようになる。

背景

　これまでの教材作りの研究の中で蓄えられたノウハウのうち，ここでは，学習心理学の研究を中心に紹介します。教材の目的は，あなたの教えたいことを教材の利用者が身につける手助けをすること（独学を支援すること）にあります。学びを助けるという意味で教材を効果的にするためには，人間の学びのプロセスを研究してきた学習心理学の成果を応用することが必要になります。この章の終わりでは，独学を支援する作戦の一覧表（指導方略表）を準備し，教材作りの青写真とします。

　ここで紹介するのは，ガニェの9教授事象と呼ばれる学びのプロセスを助ける枠組みです。学習課題の種類や課題分析図でも登場した**ロバート・M・ガニェ**は，フロリダ州立大学の名誉教授で，教育工学関連の学会では「**授業設計理**

論の父」として著名な学習心理学者です。10年ほど前，50余年の充実した研究生活を退かれ，現在，お元気で引退生活を過ごされています。筆者にとってガニェ教授は，フロリダ州立大学留学中に教えを受け，さらに願い出て博士論文審査委員会のメンバーに加わっていただいた恩師です。どっぷりとした風貌とメガネの奥からの鋭い目線，晩年になってもいつも新しい研究の成果を追い求めていた変わらぬ貪欲な研究態度，食い下がる筆者の質問にとても丁寧にお答えいただいたことが思い出されます。このガニェ教授に教えてもらいたくて，フロリダ州立大学を留学先に選んだのです。日本でも，何冊も著書が翻訳されています。

このモデルを参考にしながら，独学を助けるためにはどんな教材作りをしたらよいか，その作戦をまとめましょう。

導入—展開—まとめ

授業の構成を考えるときによく使われる枠組みに，導入—展開—まとめがあります。まず，授業を始めるにあたって何からやろうかを考えるのが「導入」，そして授業を締めくくるのが「まとめ」，その間が「展開」ということになります。教材を考えるときにも，この枠組みを使うことができます。教材の表紙は，教材へのとてもたいせつな「導入」です。表紙をめくったら第1ページからいきなり中味が出てくるのでなく，イントロの部分があったとしたら，それも「導入」になります。そして「展開」。これが教材のメインの部分になります。第5章で行った課題分析に従って，教材の要素を一つずつ教えていくことになります。最後は「まとめ」。教材の出口の一歩手前で，今まで学んできたことをまとめて，締めくくりとします。

さて，次の問題として，では**導入や展開やまとめでは，何をやったらよいのか**，という疑問に答えなければなりません。何をやるのが独学を支援することになるのか。何に注意すれば効果的な教材が作れるのか。そんな疑問に答えるためには，少し遠回りに感じるかもしれませんが，学びのメカニズムにさかのぼってみる必要があります。人がいかに学ぶか，これを知らないで，うまく教えることはできませんから。しばらくおつきあいください。

ガニェの9教授事象
～学びのプロセスを支援する外的条件を整える～

　ガニェの9教授事象とは，人の学びのプロセスにさかのぼって，教材の構成を考えていくための枠組みです。ガニェは，授業や教材を構成する指導過程を**「学びを支援するための外側からのはたらきかけ（外的条件）」**という視点でとらえます。つまり，人間がどうやって新しい知識や技能を習得するのかを説明する学習モデルを反映した形で，教材を組み立て，説明の方法を工夫し，作業を課していくと，効果のある教材が作れるかと考えました。また，これまでに作られた優れた教材を学習プロセスへの支援という観点から分析すると，どんな点でその教材の組み立てが優れていたのかの理由がわかると考えました。

　理論と実践の両面から学習を支援する授業構成をまとめると9種類のはたらきかけに分類することが有効であるという結論にいたり，9つの教授事象と名づけました。表6-1に，9つのはたらきかけがどのようなものかを小学生に長方形の面積の出し方を教える場合を例にして示します。

表6-1　ガニェの9教授事象　算数「長方形の面積」の場合

1．学習者の注意を喚起する	たてと横のサイズが違う2冊の漫画本を見せてどちらが大きいかと問いかける。
2．授業の目標を知らせる	どちらの本も長方形であることに気づかせて，長方形の面積を計算する方法が今日の課題であることを知らせる。
3．前提条件を思い出させる	長方形の相対する辺が平行で，角が直角であることを確認する。また，前に習った正方形の面積を思い出させる。
4．新しい事項を提示する	長方形の面積の公式（面積＝たて×横）を提示し，この公式をいくつかの例に適用してみせる。
5．学習の指針を与える	正方形の面積の公式と比較させて，どこが違うのかを考えさせる。同じ所，違う所に着目させて公式の適用をうながす。
6．練習の機会をつくる	これまでの例で使わなかった数字を用いて，たてと横の長さの違う長方形の面積をいくつか自分で計算させる。
7．フィードバックを与える	正しい答えを板書し，答えを確認させる。まちがえた児童には，誤りの種類に応じてなぜ違ったのかを指摘する。
8．学習の成果を評価する	簡単なテストで学習の達成度を調べて，できていない児童には手当てをするとともに次の時間の授業の参考にする。
9．保持と転移を高める	忘れたと思えるころにもう一度長方形の面積の出し方を確認する。また，平行四辺形や台形の面積の出し方を考えさせる。

導入：新しい学習への準備を整える

　　一般に授業の始めに行われる「導入」の役割は，新しい学習への準備を整えることにあります。ガニェの9教授事象では，**教材に注目させ，学習目標を知らせ，必要な既習事項を思い出させること（事象1〜3）**が導入にあたります。

　まず教材からのはたらきかけが利用者のアンテナに届くように，周波数を合わせることが必要となります（事象1）。教材の世界にスーッと入り込んでいければ「注意の獲得」は成功です。他のことを考えながらただ教材のページをめくられてしまったら，このはたらきかけは失敗したことになります。

　周波数があったら，**めざすゴールを掲げ**，利用者が自分の注意を自分の力で焦点化し，学習内容に集中できるようにうながします（事象2）。学習目標をまず掲げ，この教材をやることで何ができるようになるのかを具体的に知らせることで，学習に対する意欲を高め，期待感をもたせ，それが頭のはたらきをさらに活発化させる効果もねらいます。何をめざして勉強したらよいのかもわからずに教材に突入しても，わけもわからないまま終わってしまう危険性があります（そんな授業，なかったですか？）。まず，これをめざして勉強してください，ということをはっきりと利用者に宣言し，目的を持って取り組んでもらえるようにするのです。

　導入の最後の役割は事前に学習して長期記憶にしまい込んである**基礎の知識・技能を使える状態にすること**にあります（事象3）。よく授業の導入として前の時間にやったことを復習することがありますが，復習といっても，今日の勉強と関係のない内容を復習するのでは導入にはなりません。新しいことをこれまでの知識や経験，基礎技能に結びつけるために，まず，その結びつけられる対象を記憶の倉庫から引っぱり出してやる必要があります。それでこそ導入になる復習なのです。教材の場合は，前提テストの内容が，この復習にあたります。前もって身についている基礎的な内容で，教材をやるうえで必要なことを前提テストで確認したのです。それを教材の中でもう一度思い出してもらえばよいのです。

展開：情報提示と学習活動

　　　　導入のあとは本論に入ることになります。いわゆる「展開」の部分です。ガニェによれば，展開には大きく分けて，教材の利用者が各自の記憶の網の目に**新しいことがらを組み込む作業**（事象4・5）と，**いったん組み込まれたものを引き出す道筋をつける作業**（事象6・7）の2つを援助するはたらきがあります。

　新しい内容は，導入（事象3）で引っぱり出した既習事項との違いや関連性を際だたせながら提供することが効果的です（事象4）。また，ただ新しい内容を提供するだけでなく，**意味のある形で覚えるような助言を与える**ことを考えます（事象5）。ただ単に覚えたのでは忘れやすく，何ゆえそうなのかを納得して知っていれば長く記憶できることは経験的にもわかることです。理論的な裏づけとしては，人間の記憶の形態が，なんらかの意味的なネットワークの形であり，その網の目に多くつながりをもって引っかかれば長く記憶できる（長期記憶倉庫に貯蔵される）というモデルに基づいています。

　新しい事項が長期記憶にしまえたかどうかを確かめるために，教材の利用者が教材の指示に従って，今学んでいる情報を**自分の頭の中から取り出したり技能を応用したりする機会をつくります**（事象6）。教材の説明を読んだり，自分でそれをわかった気になっただけでは，実際に学べたかどうかはわかりません。自分でやってみることで初めてどの程度身についたかが確かめられるのです。

　練習の出来具合はすぐに利用者に知らせ（フィードバックし），徐々に完成へ向かわせることが効果的です（事象7）。学んだものを思い出す練習をすることで，自分の出来具合を確認しながら，進むことができます。それと同時に，どうやったら思い出せるか，つまり思い出す方法そのものも合わせて記憶してもらうねらいがあるのです。失敗することによって学ぶことも多いので，練習では安心して失敗できる環境がとてもたいせつです。

まとめ：出来具合を確かめ，忘れないようにする

　　　　教材の締めくくりは「まとめ」です。ガニェの9教授事象では，

8と9の要素を盛り込むことが可能です。事象8は，学習の成果を評価することです。これは，具体的には教材が終わったあとの事後テストで実現するはたらきかけです。ガニェは，**評価は練習と区別して行うべきものであること**を強調しています。すなわち，練習は失敗から学ぶためのもので，評価は本番で成果を試すためのもの。テストに向けて勉強して，緊張しながらテストを受けることは，それ自体に学びを支援する効果があります。その意味で，評価そのものも学習をうながすはたらきかけの1つとして捕えられています（事象8）。

しかし，評価の前には，新しい事項をしっかりと習得するために，十分な練習の機会を与える必要があります。この練習は，間違いを気にせずに，むしろ間違うことで自分の弱点を見つけ，それを克服するためのものだということを忘れてはいけません。教材のまとめとしては，この意味から「**総合練習**」を用意するとよいでしょう。今までの学習の成果を「安心して」確認し，事後テストを受ける準備がどの程度できているかを判断できるようなものを組み込んでおくと効果的でしょう。

事象9は，**忘れたころにもう一度復習の機会をつくること**で，学習の成果を長持ちさせ，また他の学習への応用ができるようにという意図が込められています。短時間で終わる教材の場合は，忘れたころにもう一度という復習は盛り込めないことになります。しかし，他の学習への応用という観点からは，次に続く学習の案内などを盛り込むことは可能です。

教材の最後に，この教材で身につけたことがどんな場面で応用できるものなのかを説明したり，事後テストの範囲には含まれていない発展問題を「おまけ」として出して次の教材ではこんなことをやりますという予告にすることなどが考えられるでしょう。この教材で身につけたことを長持ちさせるために忘れたころにやってみる問題を裏表紙につけておくことも考えられますね。

チャンク

教材の中で，新しい内容を説明し，それについての練習をして確認する（情報提示・学習活動）ためのひとかたまり（単位）をチャンク（Chunk，意味は塊，区切り）といいます。教材は，導入とまとめと，いくつ

第6章 独学を支援する作戦をたてる | 83

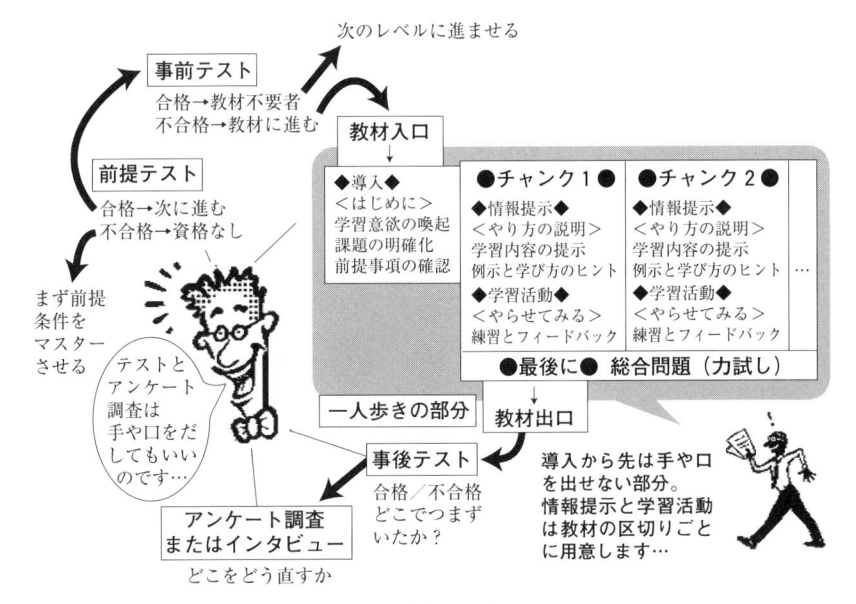

図6-1 指導方略を考える

かのチャンクに分かれた展開部分で構成されることになります（図6-1）。

　ガニェの9教授事象に従って，導入から展開，まとめへと進むと，一度で説明することが多すぎて理解しづらい場合が出てきます。その場合，説明をいくつかに区切って（**チャンクに分けて**），そのつど練習をして理解したことを確かめてから次の説明に移ります。つまり，導入（事象1〜3）のあとで情報提示（事象4・5）と学習活動（事象6・7）をチャンクの数だけ繰り返したあと，まとめにいくという構成になるのです。

　教材の中にチャンクをいくつ設定するかは，教材の中味や扱うことがらの数によって左右されます。一度に多すぎる説明をしないように，練習（学習活動）を盛り込んで，一歩ずつ進むことを計画するとよいでしょう。**どのようなチャンクを設定するのがよいかを決めるときには，第5章で描いた課題分析図が参考になります**。教材に含む予定の要素とその関係が示されているのですから，最も多くチャンクを設けて小刻みに練習をはさみ込む場合は，課題分析図の中に描かれている要素1つずつをチャンクにします。つまり，課題分析図の箱の

数と同じ数のチャンクができます。また，課題分析図をながめて，これとこれは一緒に説明しても大丈夫だろう，と思えるものがあれば，いくつかの箱をひとまとめにして，合同で1つのチャンクを設定することもできます。この場合，課題分析図に描かれた箱の数よりは少ない数のチャンクができることになります。最も少ないチャンクの数は1で，これは，教材で教えようとすることをすべて一度に説明して，そのあとに練習させることを意味します。これでは，せっかく課題分析をした意味がなくなりますので，いくつかのチャンクを設定するように，どこかで分けられないかどうか検討してほしいものです。

指導方略表

　さて，導入とまとめの意味がわかって，課題分析図をながめた結果，チャンクの数が決まれば，いよいよ「独学を支援する作戦」を表にまとめることができます。この作戦をまとめた表を指導方略表といいます。方略（ストラテジー；strategy）という言葉は，作戦を表します。教える作戦，つまり何をどうやって教えるかについての考えをまとめ，教材作りの青写真とします。次の項目について，こんなふうにやろうかなというアイデアをなるべく具体的にメモすれば指導方略表は完成です。

1──導入の方法

（1）動機づけ

　教材の導入部分で，教材を使う人（対象者）の意欲にどのように訴えて，「やる気」になってもらうつもりか，また，教材使用中（初めから終わりまで）その興味を持続させるためにどんな作戦をとるつもりなのかを説明する。

（2）学習目標

　教材終了時に対象者がどんなことができるようになっているのか，何をめざして努力すればよいのかを，いつどうやって対象者に知らせるつもりかを説明する。導入の一部として学習目標を示すように工夫する。

（3）前提条件

　教材利用資格となっている前提行動の有無をどのように再確認し，思い出さ

せるつもりなのかを説明する。教材の利用者は前提テストを合格しているので教材利用の資格があることを訴え，自信を持って取り組んでもらう工夫をする。

2 教材の構成

　課題分析に従って，下位目標と教材構成（教材の区切り）の関係を説明する。例えば，課題分析図の中に含まれている下位目標1つひとつについてチャンクを設けて教材を区切って扱うのか，それともいくつかの下位目標をまとめて1つのチャンク（区切り）として扱うのかを明確にする。教材の中に「導入」以外にいくつのチャンクがあるのかをはっきりさせる。この際，教材の中でそれぞれの下位目標がどんな順番で扱われているのか，また教材利用者が学習する順番を選べるのかあるいは指定されているのかについても述べておく。

3 チャンクごとの作戦

　次の項目について，チャンクの数だけの作戦を用意する。
（1）情報提示
　（ア）課題分析図の中のどの目標を扱うのか
　（イ）どんな情報をどうやって提示するのか
　（ウ）どんな例を使うのか
の3点について述べる。
（2）学習活動
　（ア）どんな練習問題を出してどのように答えさせるのか
　（イ）正解，誤答を教材利用者がどうやってセルフチェックするのか
の2点について述べる。

4 まとめの方法

（1）まとめの練習と再チャレンジ
　事後テストに進む前に，教材全体をとおしての総合練習をどのように行うのか（あるいは行わない場合は，どうしてか），またその練習で学習目標に到達できなかった人に対してどのような形で再チャレンジの指示を与えるつもりかを述べる。

（2）発展学習への誘い

　まとめの練習に合格して学習目標に到達した人に対して，次の一歩としてどのような「おまけ」を用意するつもりか（あるいは，用意しない場合はどうしてか）を述べる。

学習課題の種類と指導方略

　これまでに述べてきた学習のプロセスを支援するための作戦の枠組みは，どんな種類の学習課題に取り組むときにも有効なものです。また，指導方略の種類も，いつでも同じものが使えます。一方，枠組みの中に具体的にどんな作戦を入れたらいいのかについては，どんな性質の学習課題の学びを支援しようとしているのかによって異なってきます。表6-2に，学習課題の種類ごとに，課題の性質とそれに対応した指導方略のヒントをまとめておきました。独学を支援する作戦として，具体的な説明のやり方や問題の出し方を考えるときには，どんな種類の学習目標を扱っているのかをもう一度思い出して，作戦をたてるときに参考にしてください。

表6-2 学習課題の種類と指導方略

学習課題	言語情報	知的技能	運動技能	態度
課題の性質と指導方略の特徴	指定されたものを覚える課題だから覚えるものすべてを提示する必要がある	ある約束ごとを未知の例に応用する課題だから一度使った例は二度と使わない	体の一部を動かす/コントロールする課題だから練習の積み重ねがたいせつになる	自発的に選択する気持ちを持たせるための材料を多角的に提供する
指導方略のヒント	クラスター分析に基づいて情報のかたまりごとに分けてまぎらわしいものの見分け方を提案する 語呂合わせ、絵を使ったイメージ作りなどで新しい情報に意味を持たせて覚えやすくする 学習者が知っている「似たもの」と対比させて同じところ違うところを比べて特徴を指摘する 「〜の様なもの」という比喩を使って説明する すでに知っている/覚えたものと未だ知らない/覚えていないものとを区別して、知らないものや不確実なものを重点的に練習する	階層分析に基づいて必要な要素技能ができているかを1つずつ確かめる なるべく単純な例を使ってルール/概念を説明する 場合分けを行って、できたことを確かめながら難易度を徐々に高め、出題の幅を徐々に広げていく 説明で使っていない例を練習に用いテストにも別の例を用いる 練習での誤答にはつまずいた部分（要素技能）だけを取り出して練習させてからもとのレベルにもどす	手順分析に基づいてステップ1つひとつが実行できるかどうかを確かめる ステップごとにチェックポイントを設け各ステップが別々に実行できることを確かめてから全手順をとおして実行させる 理想的な運動の実演を見てそれを自分に置き換える想像をとおしてイメージさせる 実演を見せたあと必要ならば補助つきで実行させ、段階的に補助を少なくしていく 全手順が実行できたら練習を重ねスピードや正確さ、タイミングを磨かせる	課題分析に基づいて関連する知識/技能を学習者がどの程度持っているかを確かめる 学習者にとって説得力のある人物/情報源が何であるかを調べ、それを活用する 基礎となる知識や技能の定着をはかりそのたいせつさを強調する 他の人がその態度表明によって得られたよい結末を事例として紹介することで代理経験させる（人間モデル） 「この場合あなたならどうする」式の問題設定をしてよい結果が得られることを疑似体験させる

事例

大場君は,「釣り入門」の教材で, どのようにして独学を支援していくつもりなのでしょうか。また, 指導方略表というものは実際にどんな形に書けばよいのでしょうか。大場君の作業を覗いてみましょう。

　導入, 展開, まとめか。教材の中にもいくつかの部品が必要ってわけか。「釣り入門」の場合, 実技編と知識編に分かれているけど, まず基礎知識を学んでから次に実技編に進ませるのがいいだろう。少なくとも2つのチャンクを用意して, 導入のあとで知識編のチャンク, それから実技編のチャンク, そして最後にまとめか。

　でも, 知識編のクラスター分析をみると, 魚の名前や道具の名前など, いろんな種類の情報が出てくる。これを一度に全部覚えるのは無理だろう。一番ていねいにやるのはクラスター分析の箱1つずつをチャンクにする方法か。道具の名前は1つにまとめるとして, 魚の名前と魚体の名称（これが結構多いな）, それと道具の名前で合計3つのかたまりとするか。実技編もエサの作り方と道具の結び方, それに竿の振り方を分けて教えた方がよさそうだ。そうすると, 全部で6つのチャンクになるのか, 結構たいへんそうだ。

　さて, 指導方略表とやらいうものを作ってみるか。これは教材の作戦をはっきりさせるメモのようなものだろうから, アイデアを整理できれば形はどうでもいいんだろう。項目だけは, キーワードからそのまま使おう。

1. 導入の方法
（1）動機づけ

　「これができればあなたも立派な釣り名人！」と表紙に書く（少しオーバーだけど）。「おっとそこの君」なんていう口調でずっと教材を進める。作った人間の顔が見えるような工夫と, これができれば釣りに連れて行ってもらえるという「餌」でやる気を持続させよう。

（2）学習目標

　表紙に内容を書いて, めざすことを知らせる。実際に釣りには行かないこと

や，釣りに行ったらどれもが必要なことであることも書いておこう。
(3) 前提条件

表紙に，この教材の対象者の条件を書く。初心者を相手に基礎から教えることを示して，安心してもらおう。

2．教材の構成

導入，知識編3つ，実技編3つ，まとめの合計8つとする。

3．チャンクごとの作戦

6つもあるので，表の形にした。

チャンク1：魚の特徴を知ろう

1-ア.目標	1-イ.情報提示	1-ウ.例	2-ア.問題	2-イ.確認方法
代表的な魚6種の名前と特徴を結びつけることができる。	図鑑からコピーしたイラスト，特徴が色に関係する場合は色鉛筆で着色。説明には特徴の説明と，覚え方をアドバイスする。	アユ（特徴はオリーブ色の体）：この魚はオリーブにアユ（合う）	次の魚の特徴を書け。コイニジマスイワナ	問題のあとに，前のページをめくって答えを確認するように指示を書く。

チャンク2〜5：省略

チャンク6：ポイントへ竿を振ろう

1-ア.目標	1-イ.情報提示	1-ウ.例	2-ア.問題	2-イ.確認方法
竿を振って餌をバケツの中に着地させることができる。	送り込み法をイラストで説明，手順を追って注意事項を書く。失敗した場合のチェック項目も用意する。	ポイントに着く前に地面に触れる，餌が飛んでしまう場合を説明。	送り込み法をとおしで練習してみよう。	合格（5回中3回命中）かどうかを自分で確認し，不合格は注意点を見直す。

4．まとめの方法

(1) まとめの練習と再チャレンジ

事後テストと同じ様な形式で，「模擬テスト」を用意する。自分で答えあわせをさせて，まちがったところを復習させる。自信がついたら「教材終わったよ，事後テストを受けてみては？」と導くように書いておこう。つまり，やりたい

だけ練習させることにする。
（2）発展学習への誘い

　約束どおり，釣りに連れて行くことが発展学習になるのかな。教材を持って行くわけにもいかないから，たいせつなところをメモさせておこう。それが復習にもなるし，忘れたときに便利だろう。ついでに単語帳のようなものに問題と裏に答えを書いたものでも作らせれば，「忘れたころにもう一度練習する」ことが手軽にできるな。教材の中では作業時間がとれないので，やり方だけ提案して利用者にあとは任せることにしよう。

　さあ，いよいよ教材を作るぞ！

第6章のまとめ

　この章では，教材で独学を支援する作戦を立てました。導入，展開，まとめの意味を，ガニェの9教授事象で確認し，また学習課題の種類に応じた作戦のヒントも学びました。最終的には，指導方略表を作ることができれば，教材を作るための準備が完了することになります。

練習

1. 「オムレツを作ろう」の教材を考えたとき，次のはたらきかけは，ガニェの9教授事象のどれにあたりますか？　事象の名前か事象の番号で答えなさい。

    (　　　　) フライパンを使って，とき卵を実際に焼いてみる
    (　　　　) 目玉焼が作れることを確認する
    (　　　　) オムレツを作る手順を説明する
    (　　　　) チェックポイントで試しに作ったオムレツのまずい点を直す
    (　　　　) 「オムレツが何も見ないで作れること」をめざすことを確認する
    (　　　　) 事後テストでどの程度身についたかをチェックする
    (　　　　) 表紙においしそうなオムレツの写真をのせる

2. 次にあげる指導方略は，どの学習課題の種類に適切かを答えなさい。

    (　　　　　　) 教材で使っていない問題はテストには出さない
    (　　　　　　) 教材で使った問題はテストには出さない
    (　　　　　　) 別々に練習してから全体をとおして練習する
    (　　　　　　) 他の人の体験談でよい結果が得られたことを紹介する

3. 第5章の練習の「ドラえもんの描き方」についての課題分析図に基づき，指導方略表を別紙に用意しなさい。

4. あなたが今計画中の教材について，別紙に指導方略表を作りなさい。

フィードバック

1. 下から順に，1，8，2，7，4，3，6

   解説 表6-1の長方形の面積の例を参考に，どれがどれにあたるのかをチェックしてみるとよいでしょう。正解が見えてしまうと困るので，わざと下から順番に書きました。

2. 順に，言語情報，知的技能，運動技能，態度

   解説 認知領域にある2つの学習課題の種類（言語情報と知的技能）の性質の大きな違いは，教材で使った問題をテストに出すかどうかに現われます。言語情報では，教材に出てこなかった項目はテストには出さない。一方，知的技能では，暗記して答えられないように，いつも新しい例に応用できるかどうかを試します。

3. 高橋君が作った「ドラえもん」の指導方略を紹介します。

   （1-1）動機づけ：落書きをうまく描けたときの喜びを訴える。やり始めてしまえば興味は持続できると思うが，イラストを多く用いる。

   （1-2）学習目標：本物そっくりのドラえもんがいろんな角度から描けるようになることをめざすように，教材の最初に使用者に知らせる。

   （1-3）前提条件：一度でも今までに描いたことがあるという前提条件を満たし，資格があることを訴える。

   （2）教材の構成：課題分析図に示す6つの手順を別々に扱うので，導入，総合練習のほかに6つのチャンクを設ける。それぞれのステップに必要な言語情報の目標は，そのステップで同時に扱う。

（3）チャンクごとの作戦（一部）：

チャンク3：目を描こう

1-ア.目標	1-イ.情報提示	1-ウ.例	2-ア.問題	2-イ.確認方法
ドラえもんの目を少し斜めから描ける	自分で描いた目のイラストを使って、まんまるでなく長めでより目であるという特徴を説明する		見本を見ながら描かせ、次のページで何も見ないで描く	前のページをめくって見本と比べ、特徴を確認するように指示を書く

　（4-1）総合練習：全体をとおして何度か描いてもらう。右と左と両方から描かせる。

　（4-2）発展学習：学習目標には含まれていないドラえもんの表情（例：あっかんべーをしたドラえもん）を描くことに挑戦するように提案する。

4．あなたが作った指導方略を，次の観点からチェックしてください。
　（1）課題分析図にはいくつの要素があるか
　（2）導入：動機づけ，学習目標，前提条件について検討したか
　（3）展開：チャンクごとに説明と練習の方法を用意したか
　（4）説明と練習の材料は，すぐ教材が作れるほどに具体的か
　（5）まとめでは，総合練習と発展学習について検討したか

第7章 教材パッケージを作成する

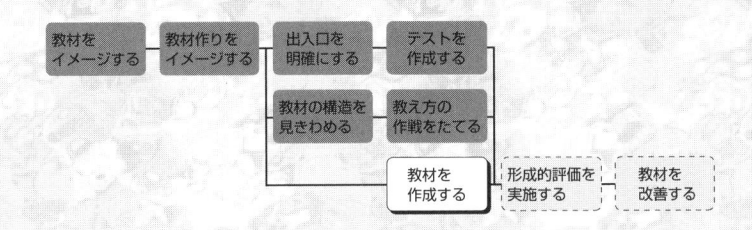

```
教材を          教材作りを      出入口を       テストを
イメージする  →  イメージする  →  明確にする  →  作成する
                              ↓             ↓
                              教材の構造を    教え方の
                              見きわめる     作戦をたてる
                                           ↓
                                           教材を       形成的評価を    教材を
                                           作成する  →  実施する    →  改善する
```

学習目標

1. プリント教材の短所を指摘し，教材を独り立ちさせる工夫を提案できるようになる。
2. 与えられた指導方略表に基づいて，教材を準備できるようになる。
3. 教材をパッケージ化し，教材の出来具合を確かめるための7つ道具を準備できるようになる。

● 背景

　　　　　いよいよ「教材」を作るステップにやってきました。教科書ガイド，参考書，問題集，漢字ドリルなど，いろんな教材を思い浮かべながら，あなたが教えたいことについて，手作りの，オリジナルな，「独学を支援する教材」を現実のものとします。

　ここまでに，あなたが何を誰に教えたいと思っているのかは，明確になってきました。教材の入口と出口を，3つのテストで表現しました。復習すると，前提テストに合格する実力はあっても事前テストには合格できない人を相手に，教材で独学した結果，事後テストに合格できる実力をつけてもらうということでしたね。また，第5・6章を学んだ人は，教材の構造や，教え方の作戦も整理しました。この下準備をもとに，教材を作っていきます。

ここまでにした準備，すなわち出入口の明確化や構造の把握，指導方略といった**教材設計のノウハウは，どんな形の教材を準備するときにも共通して応用できるもの**です。コンピュータを使用した教材を作るときにも，また自分自身で行う一斉授業や家庭教師の指導方法を考えるときにも使えます。一方で，この章で取り上げる内容は，独学用のプリント教材を作るときに特有のノウハウを含んでいます。まず，「紙」という最もベーシックな形の教材を作ることについて理解を深め，そこから他の形の教材を作るための，あるいは直接教えるときの方法について学ぶきっかけをつかんでほしいと思います。すべての形の「教え方」は，プリント教材で独学させる形との比較で考えていくことができます。

プリント教材の長所と短所

　まず，紙を使って教材を作ることのよい点とわるい点を整理しておきます。紙を使った教材は，作る側も使う側も**「手軽である」**ということが，何といっても長所です。作る側の手軽さには，費用がかからない，つまり安いこと，切り貼りとコピーが簡単なこと，ワープロが使えて手直しが楽であることなどがあります。使う側の手軽さには，持ち運びが楽なこと，いつでもどこでもコンセントがなくても使えること，使い方が簡単なことなどがあげられます。気軽に作って誰にでも使ってもらえるので，トライ＆エラーを繰り返しながらだんだんによいものを完成させる**練習には最適**ですね。よいものができたら，それをプロの印刷屋さんに頼んで見栄えのよい「売り物」のような教材にすることもできるわけです（例えば本書のように）。

　一方，手軽なプリント教材には，いくつかの限界があります。1つ目は，視覚のみの情報しか提供できないこと，つまり音がないことです。紙に音を貼りつけることはできませんので，プリント教材を使っている人に語りかけたいことは，**すべて文字にして書き込んでおく必要があります**。耳から説明を聞いてもらう（聴覚）のではなく，目で見て読んでもらう（視覚）ことになります。もしも学んでほしいことが音に関係していること，例えば中国語の発音の場合は，プリント教材で発音の見本を見せることがむずかしくなります。声に出し

て練習させることはできても，見本がないとうまくできているのかどうかを自分で判断することができません。語学のテキストにカセットテープがついているものがありますが，紙以外の方法で聴覚情報を補っている例になります。

2つ目の限界は，**動きを表現する**ことがむずかしい点です。これは，動きのあるものを学ぶとき，例えばバレーボールのサーブ方法についての教材を考えてみれば明らかです。サーブのうまい人の実演を見せてもらう，あるいは模範演技をビデオで独学する場合と比較すれば，紙ではどうやってサーブしたらいいかを表現するのは困難です。ビデオでスローモーションを使って見せてくれるととてもわかりやすいでしょうね。紙の上で動きを表現するためには，連続写真を並べるか，あるいはイラストを同じ位置に重ねて書いて，パラパラとめくって見てもらう（動いているように見える）といった苦肉の策をとる必要が出てくるのです。

3つ目は，**色彩の表現力**です。色を使ったプリント教材を作るためには，カラー写真を貼りつけたり，色鉛筆やマジックなどで着色したりするなどの方法が考えられます。白黒よりも多色刷のほうが見栄えがよいというだけでなく，学んでもらいたいことが色と関係がある場合はどうしても必要な要素になってきます。しかし，多色刷にした瞬間に，コピーやワープロが使いづらくなります。最近では，カラーコピーもできるようにはなってきましたが，まだまだ高価です。どうしてもカラーにしたい所とそうでない所を見きわめながら，白黒をベースに部分カラーという工夫が求められるでしょう。

最後に，とりわけ独学を助けるという点で問題になる「制御」のことを確認しておきましょう。**制御の問題**とは，学習の順序をコントロールすることです。この問題は，問題集の最後にある答えをさきに見てしまうという誘惑に負けてしまったことを思い出すとよくわかるでしょう。プリント教材では，見たいページから自由に見ることができるので，やりたいところからできるというよい点がある反面，カンニングが簡単にできてしまうという短所があります。答えのページを切り取って取り上げてから，練習してきなさい，といえば制御は可能ですが，そうすると逆に自分で練習した結果を自分で確かめることができなくなりますので，「独学」という条件が満たせなくなります。プリントの内容をコンピュータにのせれば答えてからしか正解が見られないようなプログラム

を組むことが可能ですが，紙の上ではそれは困難です。

　プリント教材は作るのも使うのも手軽であるという長所があります。一方で，音や動きの表現，色彩の表現，あるいは学習過程の制御という面での限界があり，工夫が求められることになるのです。

独学を助ける工夫

　　　　　さて，プリント教材で独学を助けるための工夫を，ここでは3つにまとめて紹介しましょう。まずは，教材全体の見やすさとわかりやすさについての工夫，次に練習とその結果のセルフチェックについての工夫，そして最後に使い方の指示についての工夫を取り上げます。

1 ── 見やすさとわかりやすさ：紙のサイズとページ割とレイアウト

　「読む」ことが中心となるプリント教材にとって，見やすくわかりやすくすることはとてもたいせつです。「このプリントで勉強してください」といわれたとき，**読む気にもならないようなプリントでは困る**からです。パッと見たときに親しみが持て，これならば勉強してみようと思わせるようにするためにはどうしたらよいのでしょうか。工夫できる点をいくつか列挙してみます。

- 紙の大きさを工夫し，1枚あたりの情報量は少なめにする。教材はレポートではない。どんな紙を使うかを考えることから工夫は始まる。
- 教材の全体構造を明らかにし，今どのあたりを勉強しているのかがわかるようにする。全体図，目次などを利用する。
- 情報はかたまりに分けて配置する。見出しは，本文と文字の大きさを変えたり枠取りしたりしてメリハリをつける。だらだらと続けない。
- 本文の文字の大きさ，太さ，間隔に気を配る。細かくて薄くごみごみした字は読む気がしない。
- 強調したい文字は，**書体を変える**，色を変える，大きさを変える，下線を引く，枠取りをする などで際立たせる。ただしやりすぎると効果は減る。
- 文は短めに。表や図にまとめられるものはまとめる。読み手の目の動きを想像して，レイアウトを決める。

- 説明はなるべく具体的に。読み手がすでに知っていることや関心のある例などを使うようにする。
- 一方的な説明があまり長く続かないように，問いかけや質問，練習問題をおりまぜる。飽きてしまわれないうちにやめる。

2 ── 練習とセルフチェック：何回でも使える工夫

　説明（情報提示）を見やすくなるように工夫すると，教材は見違えるほどよくなるでしょう。しかし，練習（学習活動）と自己採点（フィードバック）については，見やすくする工夫のうえにもうひと工夫が必要です。**練習で着実に力をつけてもらうための工夫**をいくつかあげてみましょう。

- 練習はページを変えて配置する。説明を見ながら答えるのは練習ではない。見ないで答えられて初めて身についたといえる。
- 練習の答えは「見るつもりがないのに見えてしまう」ということがないように配置する。答えをチェックするときに次の問題の答えが見えてしまうこともないように。
- 同じ問題を何度でも練習できるように，教材を使う人が答えを書く欄は，「回答用紙」として別に用意する。答えを教材に書き込んでしまっては一度しか使えない。
- どの問題を間違ったかをチェックする欄を設けて，二度目の挑戦ではできなかった問題だけに再挑戦できるようにする。
- 自己採点するときの採点基準を明らかにしておく。どこまでできれば合格かを知らなければ，安心して次に進めない。

3 ── 使い方の指示：手や口を出さなくてもすむように

　最後に，「**独学**」を支援するという点でできる工夫を考えてみます。使う人が教材を見ただけで何をどうやればいいのかがわかれば，あなたが手や口を出さなくてもすみます。

- 「これで勉強してください」とだけ言って教材を手渡したら，渡された人が「事後テストを受けます」というまですべて自分でできるように指示を書き加える。

- 教材の使い方は使う人に任せる。しかし，ヒントは提供する。どうやって使ってほしいと思っているかを使う人にわかるように説明する。
- せっかく工夫した教材をフル活用してもらえるようにアドバイスを書き込む。練習問題を用意したのならば，それに挑戦して実力を確かめてみるように。問題の答えがどこにあるのか，答えはどこに書いたらいいのか，間違った問題があったらどうやって復習したらいいのかなど。
- 実技を練習するための材料やプリント以外の教材をあわせて使う場合，いつどのタイミングでどうやって使うかを説明する。
- 次に進むための条件を明らかにして，それが達成できたら次に進むように指示する。達成するためのやり方は使う人に任せる。

教材パッケージ

　独学を助けるために作る教材本体に，これまでに作ってきた**出入口の3つのテストを加えてワンセットにしたものを**「教材パッケージ」といいます。独学を助ける教材として独り立ちできる教材は，パッケージ化する必要があります。この章で教材を作れば，これまでに作ったテストとあわせることですぐにパッケージとすることができます。

　教材パッケージには，教材とテストのほかに，利用者用の**マニュアル**や指導者用のマニュアルをつける場合があります。しかし，今回の教材の場合は，すべての使い方に関する説明を教材の中に埋め込んで「独学を助ける」形になっていますので，これらのマニュアルは別に用意する必要はありません。教材が独学用のものでなく先生の指導の下で使われる場合には，先生用のマニュアルをパッケージに含める必要が出てくることになります。

　教材は，第6章で準備した**指導方略表に基づいて，導入・展開・まとめをすべて含んだものを**用意します。目次をつけたり，チャンクの配列が直列か並列かを考えて学習順序を指定したりして，独学を支援する工夫をできるだけ盛り込んだ教材を準備しましょう。学んでほしいことがプリント教材ではうまく助けられないと思えば，ビデオ・カセットテープ・実物などの補助メディアの開発もこの時点で行う必要があります。

この段階での教材作成のめざすところは，どこからも文句がつけられないようなピカピカの完成品を仕上げることではありません。まずは，次の章で詳しく説明する「教材の出来具合を確かめる」ステップの準備をすることをめざせばよいのです。

形成的評価の7つ道具

　教材の出来具合を確かめるステップを形成的評価といい，それを実施するための7つの準備物を「形成的評価の7つ道具」と呼んでおきます。今までに用意した教材と前提・事前・事後の3つのテストに加えて，アンケート・観察プラン・経過時間記録用紙の7つの道具を用意します。それらを順番に説明します。

1 ── 教材そのもの

　形成的評価の協力者に，完成前の教材を使って実際に学習してもらうために，教材そのものを用意します。このとき，教材が**「走り書き」の状態**と**「完成品の仕上がり」**の間のどの程度の完成度で形成的評価を行うのがよいかについては，研究者の意見が分かれています。早い時期に見てもらえばわるいところが「早期発見」できるので，病状（教材のわるいところ）を悪化させないですみます。しかし，あまり早く見てもらってもまだわるいところが見つかりにくくなります。一般論としては，「完成品」の効果がほぼわかるまで仕上げて，評価の結果を受けて直すのが苦にならない段階で，形成的評価を実施するとよいでしょう。

　指導方略で予定した教材の**「部品」は全部そろえる**必要があります。導入は用意していないので口頭で説明するとか，展開部分でまだ用意していないチャンク（かたまり）があるという状態では，準備OKとは言えません。教材の骨格が揃っていて，「あるべきものがある」という状態にする必要があります。

　一方で，形成的評価は，**直すことを前提**に行うものです。あまりにも力を入れすぎて準備したために，「誰が何と言おうともう絶対に直すのはいやだ！」という気持ちになったのでは，意見を聞き入れる余裕もなくなってしまいます。部品は一通り用意する必要がある一方で，教材の美しさや印刷の仕上がりには

あまりこだわらなくてもいいのです。教材に書いてある文字が読めない（あるいは見にくくて読む気がしない）のでは困りますが，切り貼りのある原稿でもいいでしょう。

2──前提テスト

　教材の対象者としての前提条件を満たしているかどうか，準備ができているかをチェックするためのテストですので，形成的評価の協力者にも，協力者としてふさわしい人かどうかを確かめる意味で，教材を試用してもらう前に受けてもらいます。前提テストにパスした人だけが教材を使う資格ありと見なされるので，形成的評価の協力者もこれにパスする必要があります。形成的評価は教材そのものだけでなく**テスト問題に欠陥がないかどうかをも調べるチャンス**です。

3──事前テスト

　事前テストは，教材の対象者が教材をやる前からすでに学習目標に到達しているかどうかをチェックするためのものですから，事後テストと同じレベルの問題を用意します。事前テストに合格すれば，教材をやる前から目標に到達していることが判明したことになるわけですから，この教材で学習する必要のない人という判断が下されます。したがって，事前テストに合格した人は，形成的評価の協力者としてはふさわしくない（つまり，教材がうまくできたかどうかを確かめることができない）人として，評価結果の分析から除外することになります。前提テストにパスして，しかも事前テストに合格できない人を協力者として探す必要があるわけです。

4──事後テスト

　事後テストは，教材をやった結果として学習目標として設定した知識や技能が身についたかどうかをチェックするためのもので，形成的評価の分析の主な道具になります。つまり，前提テストに合格したけれども事前テストには不合格だった人が，教材をやったことによって事後テストには合格するということをめざして教材を作っているのですから，この3つのテストの結果を組み合わ

せて，教材の善し悪しを判断するのです。前提テストにパスした人が事後テストに合格できなかった場合は，協力者でなく教材のほうに責任があると考えて，教材を直すことになります。

5 ── アンケート用紙または質問項目

　形成的評価では，事後テストに合格できるかどうかが最大の関心事ではありますが，よりよい教材にしていくために，**教材についての学習者の意見を聞く**ためのアンケートを用意しましょう。教材についての協力者の意見を聞くことで（また，ある意見を述べた人がどの程度の成績を収めたのかを検討することで），もっと学習しやすい教材に改善するためのヒントが得られることがよくあります。教材をやってもらった人にアンケート用紙を記入してもらうか，あらかじめ用意した質問項目に基づいてインタビューをして，教材の印象，よかった点，わかりにくかった点，追加してほしいことなどを教えてもらいましょう。教材で実際に勉強した人の意見は，教材を直していくときにとても役に立つものです。

6 ── 観察プラン

　「独り立ちできる」個別学習教材を作っている場合でも，最初から独学がうまく支援できるとは限りません。教材作成者のあなたは，学習者の進み具合を**見守って**，予想どおりに学習が進んでいるか，何か困ったことは起きていないかなどを**チェック**します。そのチェックのためには，教材のあらかじめ決めた部分であらかじめ考えたポイントを注意して観察することが効果的です。

　教材を作っている段階で，どうやろうかを迷った箇所，これでうまくいくか不安だった箇所，あるいは教材の山場などをマークしておいて，学習中の協力者を観察することを考えて，メモを作っておきます。このメモを観察プランと呼ぶことにします。

7 ── 経過時間記録用紙

　予想どおりの学習時間で進んでいるかどうかを記録しておくことも，教材を改善するうえで参考になります。どの部分に何分ぐらいかかるだろうか，全体

で何分位になるだろうかを予想して，まず，予想時間を記入します。形成的評価の手順を考えて，それぞれの手順（前提テスト・事前テスト・導入・各区切り・事後テスト・アンケートまたは面談など）に分けて予想します。そして，協力者が実際に教材で独学しているのを観察しながら，それぞれの手順ごとに，費やした時間を記録します。必要だろうと思った時間の予想と実際にかかった時間を比較することで，教材を直すときの参考にすることができます。

事例

では，「釣り入門」の教材を作っている大場君のようすを覗いてみましょう。これまでの計画を実際の教材の形にするために，大場君はどんな工夫をするつもりでしょうか。

プリント教材の長所は手軽さ。釣りに行く前に室内でやってもらうときにはどんな形の教材でもいいけど，釣りに行ったときの参考にしてもらうためには持ち運びが簡単なカード式がいいかもしれないな。

プリント教材の短所は音と動きと色彩と制御か。音はとりあえず問題なし。言いたいことをできるだけ詳しく文字で書けばいい。文字が読めないと困るから，むずかしい漢字にはふりがなでもつけるか。動きは実技編でひっかかるな。餌のつけ方や竿の振り方は，たしかにビデオで見てもらうほうがわかりやすいだろうな。でも，それもたいへんそうだから，実物は用意して，やり方をできるだけ詳しく紙の上で説明してようすを見よう。あとは実物を手にとって，練習してもらえばいいだろう。

色彩もたしかに問題だ。魚を見分けるとき，色で判断することも多いから。でも逆に，特徴的なところだけ色鉛筆で色づけして，それを頼りに見分けてもらうようにするのも悪くない。これは予定通りでいこう。制御がきかないということについては，あまり考えなかったな。使い方の指示をできるだけ詳しくして，練習の回数は使う人に任せて，次に進む基準は教材にはっきりと書いておくように注意する。これで教材を独り立ちさせることができそうだ。

教材のパッケージ化というのも，なるほどな，という感じ。独り立ちさせる

ためには，教材の中にマニュアルを含んだような形にすればいいということかな。テストについては，もうすでにできているからそれでOK。なるほど，テストは早めに用意しておいてよかった。

　教材の出来具合を確かめるための７つ道具を準備するといっても，教材を作ったらあとはアンケートを考えて，観察する項目を整理して，時間予想を立てればいいわけだ。アンケートと時間予想は教材を作ってから考えるとして，観察項目は教材を作りながらつまずきそうなところをメモしていくことにしよう。

　大場君は，教材作りのアイデアを実行に移しました。大場君の作った教材の一部と新たに用意した７つ道具の一部を図７-１から図７-５に紹介しておきます。図７-１と図７-２は，第６章で紹介した指導方略表の部分の教材の一部です。図７-３・４・５は今回新たに準備した７つ道具です。さて，あなたならどんなふうに教材を作りますか？

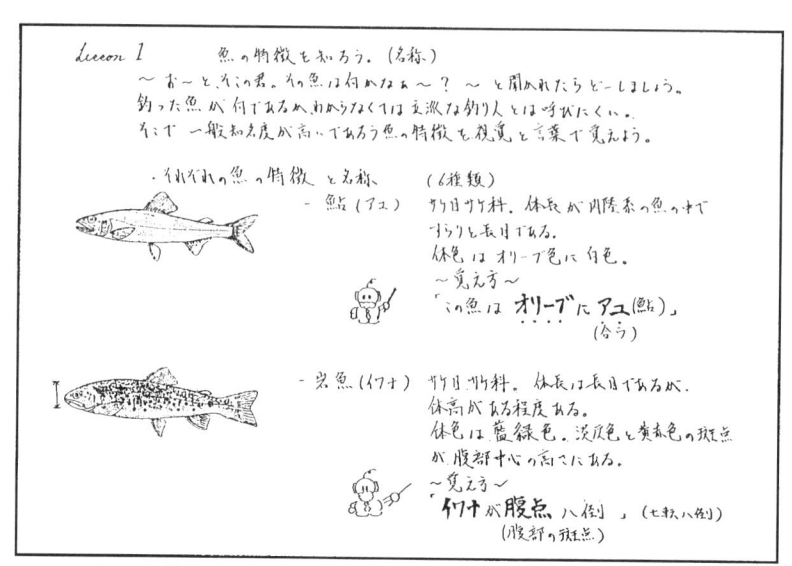

図7-1 「釣り入門」チャンク1：魚の特徴を知ろう　教材の一部

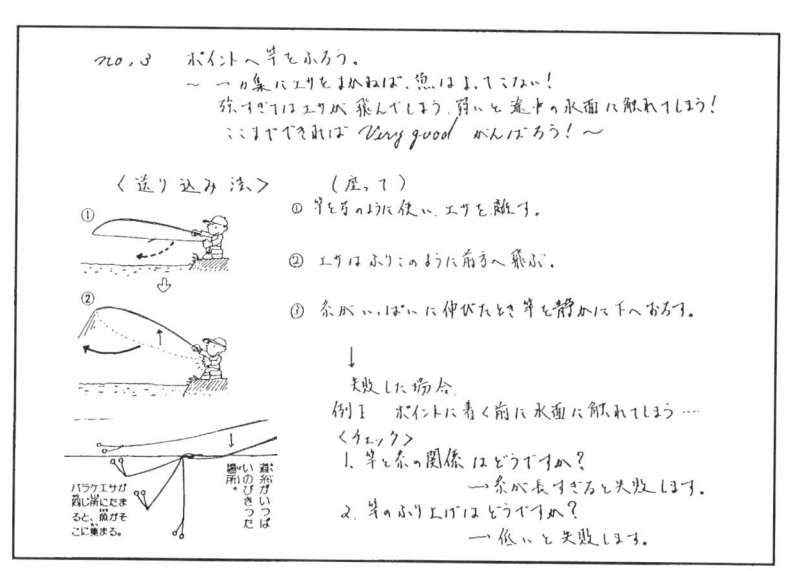

図7-2 「釣り入門」チャンク6：ポイントへ竿を振ろう　教材の一部

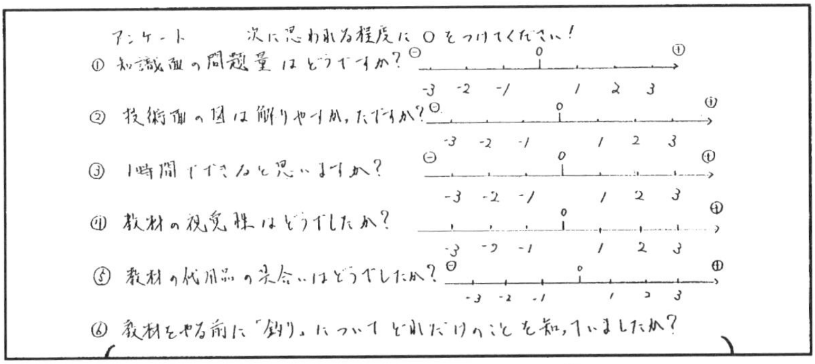

図7-3 「釣り入門」アンケートの一部

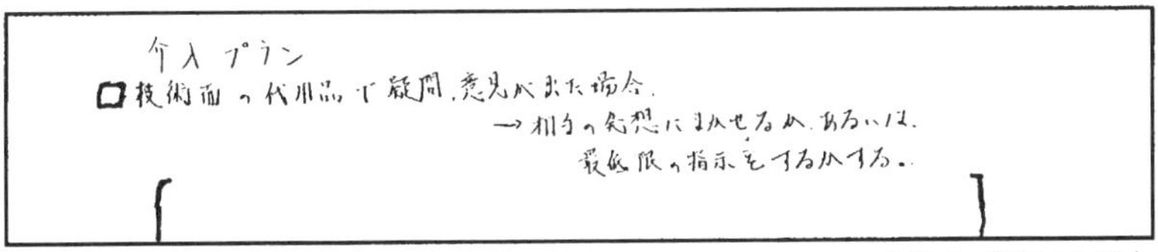

図7-4 「釣り入門」観察プランの一部

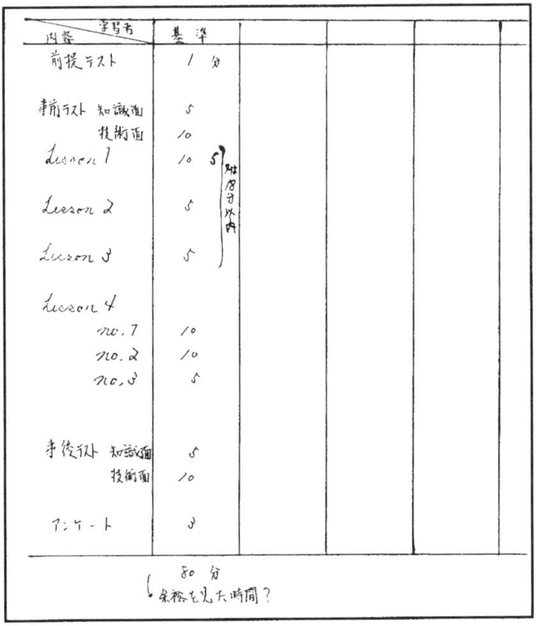

内容＼学習者	基準				
前提テスト	1分				
事前テスト 知識面	5				
技術面	10				
Lesson 1	10	5 計18分以内			
Lesson 2	5				
Lesson 3	5				
Lesson 4					
no.1	10				
no.2	10				
no.3	5				
事後テスト 知識面	5				
技術面	10				
アンケート	3				

80分
余裕を見た時間?

図7-5 「釣り入門」経過時間記録用紙の一部

第7章のまとめ

　プリント教材の長所は，作る側も使う側も「手軽である」ということにあります。一方で，音や動きの表現，色彩の表現，あるいは学習過程の制御という面での限界があり，独学を助けるための工夫が求められます。

　独学を助けるための工夫は，教材全体の見やすさとわかりやすさについての工夫，次に練習とその結果のセルフチェックについての工夫，そして最後に使い方の指示についての工夫の3つに分けて考えることができます。この章では，それぞれの点についての工夫をいくつか示しました。

　形成的評価の7つ道具は次のとおりです。教材の出来具合を確かめるためには，次の道具が必要です。といっても，2，3，4はもうすでにできていますので，教材プラス5，6，7を用意します。

1　教材そのもの
2　前提テスト
3　事前テスト
4　事後テスト
5　アンケート用紙または質問項目
6　観察プラン
7　経過時間記録用紙

練習

1. あなたが今読んでいる「独学を支援する教材設計入門」も,「独学を支援するプリント教材」の1つです。そこで,この章に書かれている独学を助けるための工夫が,この教材自身にどの程度生かされているかをチェックしてください。これはよい見本であると思う点とわるい見本であると思う点を,気づいただけ書きなさい。

2. 第6章の練習で作成した教材「ドラえもんを描こう」の指導方略(チャンク3)に基づいて,目を描くステップの情報提示と練習・フィードバックのページを自分なりに別紙に作りなさい。どんな情報や指示をどのようにレイアウトしたページになるのかがわかるようなスケッチ(デザイン案)を作ればよしとします。

3. 自分が作っている(あるいは関心がある)教材の中からチャンクを1つ取り出して,まず,その部分の教材を別紙に作成しなさい。また,教材とテスト以外の道具を用意し,「形成的評価の7つ道具」を揃えなさい。

フィードバック

1．この「教材設計マニュアル」には，できるだけ独学を助ける工夫を盛り込んで，独り立ちする教材のよい見本となるように努力したつもりです。例えば，それぞれの章の始まりには教材作成の全体構造を図で表わし，その章がどの位置にあるのかを知らせる工夫をしました。見出しは大きな字で，文章もキーワードごとに区切って，だらだらとならないようにしたつもりです。図表にできるものは図表を使い，例もなるべくたいくつしないようなものを選んだつもりです。一方で，ページ配置が原因で見たくなかった答えが見えてしまったことなどの問題点もあったかもしれません。皆さんの評価はどうですか？

2．図のような教材のスケッチができていればOKとします。指導方略表に示されている計画が実現できているかどうかを再チェックしてください。例えば，目の描き方についての情報に「まんまるでなく長めに」が含まれているかどうか，練習はまず見本を見ながら描かせて，次にページを変えて何も見ないで描かせているかどうか，2番目の練習では自分で特徴を見比べるように指示を書いたかどうかなどです。指導方略表の計画を反映させたプランができているかどうかをチェックしたら，この章で述べた「独学のための工夫」のポイントに照らして，見やすさやわかりやすさ，練習とフィードバック，指示などを再チェックしてみてください。

第7章 教材パッケージを作成する　111

教材「ドラえもんの描き方」より

チャンク3：目の説明ページ

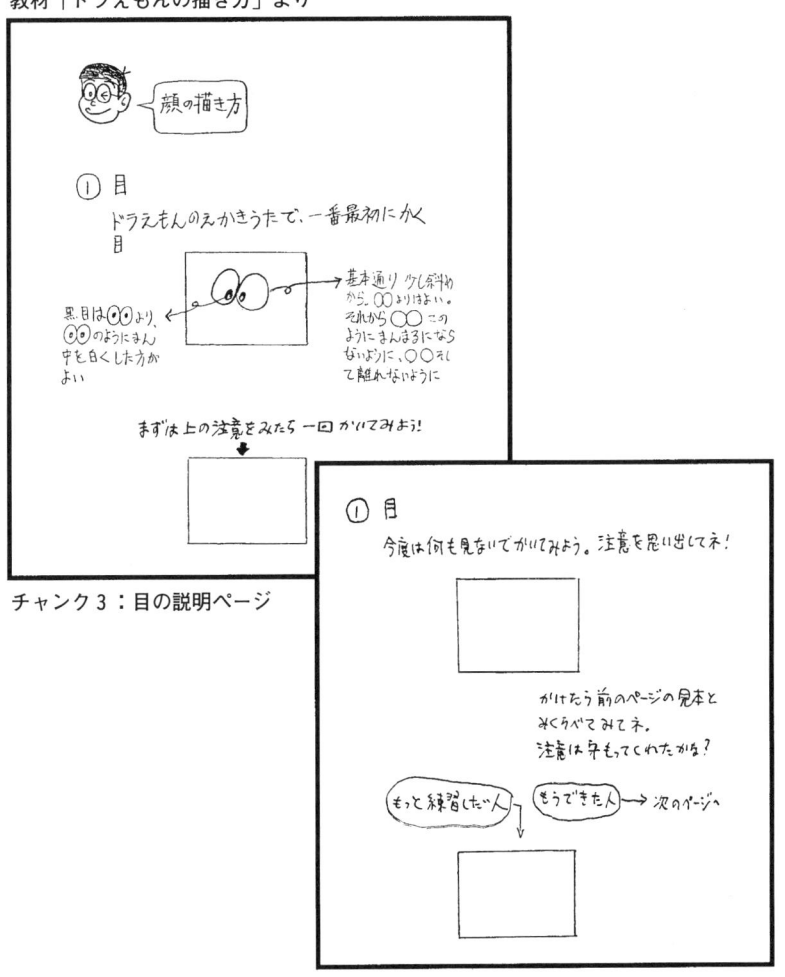

チャンク3：目の練習ページ

3. 自分が作っている／作ってみたいと思う教材について，次にあげる点を確認してください。納得がいく教材が作れることを期待しています。
　　□指導方略表の計画を反映させたプランができているか
　　□この章で述べた「独学のための工夫」のポイントに照らして問題はないか
　　　●見やすさやわかりやすさ
　　　●練習とフィードバック
　　　●独学を支援するための指示
　　□教材の部品はすべて揃ったか
　　　（とりあえずはチャンク1つ分でよい）
　　□アンケート用紙または質問項目を用意したか
　　□観察プランを用意したか
　　□経過時間記録用紙を用意したか，予想時間は記入したか

第8章　形成的評価を実施する

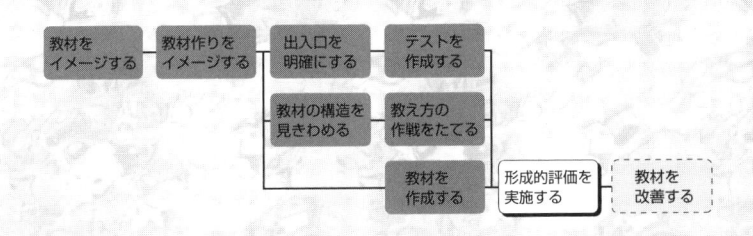

```
教材を      教材作りを    出入口を     テストを
イメージする  イメージする  明確にする    作成する

              教材の構造を  教え方の
              見きわめる    作戦をたてる

                          教材を      形成的評価を   教材を
                          作成する    実施する      改善する
```

学習目標

1. 形成的評価と学習者検証の原則について説明できるようになる。
2. 形成的評価の手順と留意点について説明できる。
3. 与えられた7つ道具を用いて，形成的評価を実施できるようになる。

背景

　日本の教科書は，文部科学省検定制度があり，それに合格したものの中から教育委員会などが選んで採択するというシステムになっています。アメリカでは，カリキュラムが州ごとに違うので，教科書も州ごとに候補リストを作って，そこから選んで採用するというシステムになっています。候補リストに載っていない教科書を選ぶことも自由ですが，候補リストに載っているものには州から補助金が支給されるので，リストに載ることは教科書会社にとってはとても重要です。

　その州ごとの候補リストに乗せてもらうための条件として，フロリダ州を始めいくつかの州で義務づけられていることの中に，**LVR**（Learner Verification & Revision）があります。LVRとは，教科書がどの程度わかりやすく，使いやすいものになっているかを学習者からのデータで確認し，改良を

加える手続きのことです。内容が正確で，カリキュラムに適しているものであることだけでなく，その教科書を使って勉強する子どもたちにとってわかりやすい教科書にするためにどんな手順を踏んだのかが問われるのです。

　筆者が留学中に接したものに，中学校の理科の教科書を作った時の話がありました。フロリダ州立大学のバークマン教授を中心にした教科書作成チームが作った教科書の原案を使って，夏休み中の中学生に大学に来てもらい，そこで教科書に紹介されている科学実験を教科書の指示に従ってやってもらいました。そのあと実験を行った中学生に教科書についてわかりにくかったところなどを教えてもらい，実験のようすを見ていた研究者たちが中学生からの意見を参考にして教科書を書き直したそうです。さらに，その改訂版をフロリダ州だけでなくカリフォルニア州やテキサス州の協力校に送り，その学校の先生たちにお願いして，授業で使ってもらい感想を集めました。授業で教科書を使った先生方から寄せられた感想や意見をもとにして再び改訂を加え，それを教科書として出版したそうです。これは，かなり念入りなLVRの例だといえるでしょう。

　いかにもアメリカらしい話ですが，「**偉い研究者のお墨付**」をもらっているだけでは，**教科書として認めるのに不十分**であると考えます。実際に子どもたちが使ってわかりやすいものであるという「証拠」を用意しなさい，というわけです。使う方の身になって考えてみれば，とてもありがたいやり方ですね。これが，この章で説明する形成的評価という考え方なのです。

形成的評価と総括的評価

　　　　　　　教材を作っている途中で，教材の効果を確かめて，わるいところを直すために行う評価のことを「**形成的評価**」といいます。形成的，つまり**教材の形を作っていく（成していく）ための評価**のことです。形成的評価は，教材を作っている本人が自分のために行う評価で，その目的は教材の効果を確認することと改善のための資料を集めることにあります。形成的評価では「どこを直せばもっとよい教材になるのか」を知るために試験的に使ってもらうのですから，なるべくわるいところ，わかりにくいところ，説明が足りないところ

などを今のうちに見つけ出しておくことをめざします。合格か不合格か，あるいはよくできた教材かできがわるい教材か，という判断をすることよりも，「問題があるとすればどこか」を発見するために行うのです。

一方で，教材作りが完成してから作成者以外が行う評価で，**その教材を採用しようかどうかを判断するための評価を「総括的評価」といいます**。一般に教材を評価するという言葉を聞くと，教材のできばえを他人に評価されるイメージを持ちますが，それは，ここでの区別に従えば，形成的評価ではなく総括的評価にあたります。総括的評価の結果としては，できばえがよければ「合格」ないしは「購入」あるいは「採択」といった判断が下され，不満が残れば「不合格」「不採用」「他の教材を探す」「使用中止」といったアクションがとられることになります。

この章で説明する形成的評価は，教材を直すためのデータを収集するためのものであり，あなたの教材に点数をつけて合格不合格を判定するための評価ではありません。ですから，あまり緊張しないで，気軽に評価してもらうことができます。システム的なアプローチで「Plan-Do-See」と進んできてこの評価は「See」にあたるわけですが，SeeからPlanへフィードバックと自己修正のループがもどっていることや，気がすむまで何度でも繰り返し修正できることを改めて思い出しましょう。

学習者検証の原則

教材や授業計画の善し悪しを判断するときに，実際学習者が何をどの程度学べたのかを調べて，その証拠をもって判断する原則に従うことを「学習者検証の原則」といいます。これに対して，専門家や権威者やベテランの教師の判断だけに頼って善し悪しを決める態度は，学習者検証の原則に従っていません。あなたの先輩や教材の内容に詳しい人に，「とても素晴しい教材だ」と**ほめられても，それで安心しない**。一度試しに使ってみてもらって，実際に成果が上がったことを確かめてから安心する。これが学習者検証の原則に従った態度です。言うまでもありませんが，使ってみてくださいとお願いするのは，専門家や先輩にではありません。教材で教えたいことをまだ知らない人

（つまり事前テストに合格できない人）に使ってもらわなければ，実際に効果が上がるかどうかを確かめることはできないからです。

　もちろん，その道の**専門家やベテラン教師に教材を見てもらって意見を聞く**と，いろいろなアドバイスや示唆を得ることができるでしょう。その意見を取り入れて教材を直せば，見違えるほどよい教材になるかもしれません。これを教えるのならばもう一つたいせつなことがあるよ，と教えられることもあります。また，内容に誤解があったり，間違いがあったりすることを発見できる場合もあります。形成的評価の１つの手段として，あなたが教えたいことをよく知っている専門家や先輩，あるいは友人に意見を求めるといいでしょう。

　しかし，内容をよく知っている人からのアドバイスのほかに，教材を使う条件にあった人の協力を求めて教材がどこまで本当に教えられるのかを**実証的に確かめてみようとすること**は，とてもたいせつです。教え方には，人それぞれいろいろな方法があるので，専門家どうしでも教え方についての意見は１つではありません。あなたがやろうと思っている方法と，専門家からのアドバイスの中味が一致しない場合，あなたのやり方では駄目だ，と決まっているわけではありません。たとえ専門家と意見が違っていても，実際に教材を使ってもらってそれでうまく教えられれば，それはそれで「よい教え方」と言えます。これだけ教えられた，という**証拠をもっていれば，専門家と同じ土俵で議論する**ことも可能なのです。学習者検証の原則は，それだけパワフルな態度なのです。

形成的評価の３ステップ

　学習者検証の原則に従って行う形成的評価には，３つの段階があります。第一段階は「１対１評価」，第二段階は「小集団評価」，そして最後の第三段階は「実地テスト」といいます。それぞれに，教材の何を評価するのかの着眼点が違い，第一段階をクリアーしたら第二段階へ，第二段階をクリアーしたら第三段階へと順番に進みます。

1 ── １対１評価

　最初の段階は，教材を使う人１人に対して進行状況を見守る人１人がつきっ

きりで評価するので「1対1評価」と呼ばれています。この評価の主な目的は，最後まで利用者が自分ひとりで教材を使えるようになっているかどうかをチェックすることにあります。つまり，教材として「独り立ち」しているかどうかを確認するのです。まだ誰も使ったことがない教材ですから，途中で使い方がわからなくなるかもしれません。そこで，「独り立ち」できる教材をめざしてはいますが，最初から「家でやってきてください」では心配なので，自分が見ている前で使ってもらうのです。

　第7章で用意した「**形成的評価の7つ道具**」は，この1対1評価のためのものです。進め方としては，まず趣旨説明（あとで述べる留意事項参照）をしたあと，前提テストと事前テストを行い，形成的評価の協力者としてふさわしいかどうかを判断します。ふさわしいのであれば，次に教材を渡してやってもらいます。このとき，観察プランをみながら，そして時間を記録しながら，1人ずつ使ってもらいます。わかりづらいところが出てきたら，それはその場で補足し，さきに進めるようにします。何がわかりづらかったのかを忘れずにメモしておけば，もう「どこを直せばもっといい教材になるのか」のヒントが見つかったことになりますね。教材が終わったら，事後テストを受けてもらい，次にアンケートまたはインタビューに進みます。この手順で，1人ずつ評価をしてもらうのです。

　1対1評価は，1回に1人ずつですが，何人か繰り返して実施することも可能です。1人にやってもらっただけでは「独り立ち」しているかどうかが不安だ。1人目の人が事前テストでぎりぎり不合格だったので，もっと知らない人が使っても大丈夫かどうかを知りたい。この人はここがわかりづらいようだけど，他の人もやっぱりそこでつまずくかどうかを知りたい（1人だけの意見で教材を変えたくない）。あるいは，1回目にまずいところが見つかったので，それを直したからもう一度，今度こそは大丈夫だということを確認したい。そんな場合には，**2人目，3人目の1対1評価**を行います。もちろん，同じ人に何度もやってもらうわけにはいきませんので，別の人を探してくる必要があります。なぜならば，一度教材を見てしまった人が2回目にうまく使えても，それで誰でも使える証拠にはならないからです。

　自分が目を離しても，何とか「独り立ち」できそうだ，と思えたら形成的評

価の第二段階に進みます。(注：今回の課題では，時間の都合でここまでで形成的評価を終えます。しかし，第二・三段階にはどんな評価があるのかを情報としてつかんでおいてください。)

2──小集団評価

　形成的評価の第二段階は，「小集団評価」と呼ばれ，複数の教材利用者に一度に教材のコピーを渡して使ってもらいます。ここでは，前の第一段階で教材を修正した結果，すでに利用者が迷わずに教材で独学できるようになっていますので，1対1で見守っていなくても学習を進めることができるはずです。そこで，何人かの利用者に集まってもらい，自分のペースで教材を使って学ぶように指示します。少なくても，それができる程度にはなっているはずですから。

　この段階での目的は，より多くの利用者にとって**独学が可能かをさらに確かめること**と，ある程度の人数を集めて教材の効果を確かめることにあります。いろいろなタイプの利用者を8人から20人程度集めて，その中で何%ぐらいの人が教えたかったことを完全に身につけたのか，何%ぐらいの人がまあまあの線（合格ライン）に到達したのか，また何%ぐらいの人が教材から十分に学ぶことができなかったのかを調べるのです。

　1人ずつですと個人個人によって結果が違ってくるので，教材の効果についてあまり確かなことは言えません。しかし，例えば10人の人にやってもらえれば，10人中9人が合格したのか，あるいは10人中3人だけだったかの違いで，ある程度教材の効果についての信頼できる情報を得ることができます。9人合格ならばまずまずと見ていいでしょう。しかし，3人だけの場合は，あとの7人がどこでつまずいたのか，何にミスがあったのかなどを調べ，教材を手直しするためのヒントを得ることができます。

　小集団評価の結果しだいで，次をどうするのかが変わってきます。もし，ほとんどの人が問題なく合格できるようでしたら第三段階に進みます。教材のまずい点が見つかれば，それを直してから，再び小集団評価にかけることが必要になるでしょう。また，手なおしの量が多い場合は，教材の「独り立ち」という点を再確認するために，1対1評価にもどって形成的評価を初めからやり直す方がいいという場合もあり得るでしょう。

3 ── 実地テスト

　形成的評価の最終段階は、教材を実際に使う場面で**「実用に耐えられるかどうかを確かめる」**という意味で実地テストと呼ばれています。第二段階までは、形成的評価のために特別に用意した場面で教材を使ってもらいました。そして、その結果として、もしも理想的な条件の下で使ってもらえれば効果があるだろうということが確認できました。しかし、現実は必ずしもその理想的な条件が整っているとは限りません。そこで、現実の場面で使った場合に何か問題点がでてこないかをチェックすることを目的として、第三段階の実地テストを行うのです。

　第二段階までは教材を作ったあなたが評価を実施しましたが、実地テストでは、将来この教材が広く普及したときのことを考えて、他の人に評価を実施してもらいます。**「消費者モニターテスト」**などという言葉で、新製品を試してもらって感想を寄せてもらう方法があることを知っていますか。実地テストはまさにこのモニターテストにあたります。誰が使っても問題がないことを確かめると同時に、新製品（教材）を宣伝するというもくろみを合わせ持っています。誰でも自分の意見を取り入れて改良されたことを知っていれば、使ってみようと思うものです。冒頭で紹介したバークマン教授の中学理科教科書の例で、カリフォルニアやテキサスに送って評価をお願いしたのも実地テストです。それは、違うカリキュラムの学校でも使えるかどうかを確かめると同時に、将来のお客様へのアピールでもありました。愛好者を増やす作戦でもあるのです。

　今回は独り立ちできる教材をめざしていますので、教師用のマニュアル（第6章キーワード「教材パッケージ」参照）は用意しませんでした。教師用マニュアルを用意する場合は、**マニュアルのわかりやすさも実地テストで確かめる**ことになります。教材を作ったあなたの手を離れても無事に使ってもらえるかどうかを、なるべく現実に近い条件で確かめます。

　誰がどんな条件で使っても効果があることを確かめ、さらに将来のお客様の要望もある程度取り入れて教材を味付けしたら、いよいよ出来上がりということになります。ここまで念を入れて改良を重ねてきたという事実そのものが、教材のよき宣伝材料となります。せっかく心を込めて作る教材ですから、末永く、なるべく多くの人たちに使ってもらいたいものです。形成的評価と教材の改良は、そのためにもとても重要なステップなのです。

1対1評価実施の留意点

　　　　形成的評価で教材のわるい点をどれだけ見つけられるかによって，独学を助ける教材の質が決定的に左右されます。形成的評価は行えば必ず成果があるというわけではなく，どう行うかによって貴重なデータが得られるかどうかが決まります。せっかくの協力者の好意と時間をむだにしないようにしたいものです。ここでは，特に形成的評価の第一段階の1対1評価について，留意事項をまとめてみました。参考にしてください。

● 思ったことを気軽に言える雰囲気をつくる。

　まず，1対1評価に協力してくれる人が，**リラックスした雰囲気**で教材に取り組め，思ったことを自由に発言できるようにすることがたいせつです。せっかく苦心してあなたが作った教材だということで，遠慮して思ったことを指摘してくれなかったのでは何にもなりません。緊張をほぐし，気軽な気持ちで臨んでもらえるように，場所を設定し，人間関係をつくるようにしましょう。

● 評価の趣旨が「教材の改良」にあることを理解してもらう。

　評価の目的が教材を直すことにあるということは，めずらしいことです。もし教材に取り組んでよく理解できないときは，自分がわるい，恥ずかしいと思ってしまいがちです。理解できないときは，自分がわるいのではなく**教材の説明の仕方がわるいんだ**ということ，その不備を見つけ出して直すためにやってもらっているんだということをはっきりと伝え，理解してもらうことがたいせつです。

　「自分はよく知っていることなので，どんなところにつまずくかがわからないのでそれを教えてほしい」とか「この教材はまだ作っている途中で，駄目なところがいっぱいあると思うから遠慮なく教えてほしい」，あるいは「知らない人が身につける助けになるような教材にしたいのでこれを知らないあなたを選んで実験台になってもらっている。まずこれで君が理解できるようになるかどうか試してほしい」という趣旨説明を具体的にすると効果的です。

● 限界まで手や口を出さない。

- 手や口を出したら，それを必ず記録にとどめる。

「これはどうやればいいの」と聞かれると，つい答えてしまいたくなるのが自然です。しかし，手や口を出した瞬間に，この教材はまだ「独り立ち」していないということになります。「**この教材は，独学を助けるためのものにしたいので，どこまで自分でできるかやってみてほしい**」とまず説明しておくと，協力者もできるだけ聞かないで自分でやってみてくれると思います。

たとえあなたが思ったとおりに教材を使ってくれなかったとしても，まず少しようすを見ましょう。もしかすると，そのうち気がついてくれるかもしれません。しかし，どうしてもこのままだと先に進めない，あるいはせっかく用意したものを使わずに終わってしまう，などという「緊急事態」に陥ったときには，手や口を出すのは止むを得ません。そこはあとから直すとして，どこでどんなことを言ったかを記録にとどめておきましょう。あるいは，その場で，「そこはわかりづらいね。ここに＜ここで答えを確かめましょう＞と書き加えたらわかりますか？」などと直すとしたらどうするかを口で説明してその反応を見ることも考えていいでしょう。

- 一通り終わったところで，もう一度教材をふり返る。
- もし直すとしたらどうするといいかを教えてもらう。

一通り教材を終えて，事後テストとアンケートまで終わったら，もう一度教材を**最初からふり返る**ことが効果的です。このとき，ページをめくりながら，ここはどうだったか，わかりやすかったか，何か感じたことはなかったか，などと教材使用中の気持ちや考えを思い出してもらうように誘導します。「今まではできるだけ1人でやってもらいたかったので何も聞かなかったけど，今度はもう一度教材をふり返って，使っていたときに考えたこととかあったら教えてね。あと，教材を直すときのアイデアが出てきたらそれも教えてね」などと言ってふり返るといいでしょう。黙って教材をやっているようすを見ていただけではわからなかった利用者の気持ちを聞くことができます。

- 最後に，協力者への感謝の気持ちを表す。

今までの例ですと，1対1評価には思っていたよりも長く時間がかかってしまうことが多いようです。熱心に長時間協力してくれた人に対して，最後に心のこもった**お礼の気持ちを表す**ことを忘れないようにしてください。感

謝の気持ちを表す手段は，あなたとその人との間柄によって違ってきますので，何が適切かを考えてください。

　どんな間柄の場合にも使える方法に，**形成的評価に協力してくれた人の名前を改良した教材に残す**ことがあります。「協力してくれてありがとう。この結果をいかして今から教材を改良していくんだけど，改訂版に＜協力者＞として名前を載せさせてもらっていい？」と一言，了承を求めておくとよいでしょう。もちろん，でき上がった改訂版のコピーを協力者に進呈することも感謝の気持ちを表す手段になります。協力者として自分の名前が載っている教材をもらうことは，結構うれしいものです。

事例

　「釣り入門」の大場君は，どのように形成的評価をやろうとしているのでしょうか。形成的評価についての大場君の考えを聞いてみましょう。

　なるほど。形成的評価はどうしてやるのか，それにどうやってやるのかがイメージできた。「学習者検証の原則」か。出入口を明確にというあたりで，これまでのテストのイメージは変わってきたけど，たしかに形成的評価に協力してくれる予定の友人にとっては，「テスト」＝「能力の評価」という図式が埋め込まれているだろうな。教材の評価であって，もしうまくいかなかったときはこれを作った自分がわるいのであって，協力してくれる人のせいではない，ということをまずわかってもらわないといけないな。緊張しないように，でもまじめに取り組んでもらえるように雰囲気をつくるにはどうしたらいいだろう。考えてみよう。

　「釣り入門」には，知識編と実技編があるけど，特に実技編のほうは個人差が大きいだろう。1人だけでは不安だから，2人か3人協力者を確保したほうがよさそうだ。それで試して，余力があれば教材を一度直してからもう1人か2人にやってもらえれば，どれくらい進歩したかわかるので完璧だ。何人か相手にすれば，そのうち形成的評価のやり方にも慣れてきて，意見を深く聞き出せるかもしれない。

大場君は，形成的評価のようすを次のようにレポートしています。どうやら失敗から多くを学んだようです。

　１対１評価の実施：協力者に教材をやってもらった。お願いするときに前提条件を満たしていることを口頭で確認していたので，まずは事前テストの知識面だけを休み時間に室内でやってもらった。解けそうもない問題ばかりだったので，「知らない問題は飛ばしていいよ」と言っておいたので，深く考えて悩むこともなく５分もかからずに終わった。実技面もやり方がわからないようすだったので，途中でやめてもらった。これで教材に進む条件は整った。

　教材に入った。知識面の魚の名前については，イラストと説明を交互に見ながら，進めてもらいたかった。しかし，説明が単純すぎるのと，図のどこを注目したらいいのかのヒントがなかったためか，進行ははかばかしくなかった。魚体名称は，せっかく用意した情報提示のページを綴じ忘れたらしく，すべて口頭で説明し，それを赤ペンで書き入れながらやってもらうしかなかった（恥ずかしい！）。その他については，予定どおりうまく行った。技術面の教材は，こちらで用意した餌や竿の代用品を使って，教材を見ながら自分でやってくれていた。しかし，餌の水溶性が低く，予定より時間がかかってしまった。

　事後テストでは，技術面は合格したものの，知識面は事前テストからほとんど進歩がみられなかった。説明をもう少していねいにしなければ，とても「独り立ち」できる教材にはならないことがわかった。しかし，教材のどの部分を直せばいいのかは，教材を終えたあとで意見をいろいろと聞くことができたので，とても参考になった。

第8章のまとめ

　この章では，教材の作成者が自分で作っている途中に直すことを目的にして行う形成的評価と作成者以外が採択するかどうかを決定するためにでき上がった教材について行う総括的評価との違いを学びました。また，「偉い人のお墨付」で満足せずに学ぶ側の立場でデータを集める学習者検証の原則に基づいて，3つのステップで形成的評価を行う手順を紹介しました。特に第一段階の1対1評価を行ううえの留意点をいくつかあげましたので，それに基づいて，形成的評価を実施してください。

練習

1．形成的評価と総括的評価の違いについて，次の表を埋めなさい。

	形成的評価	総括的評価
誰がやるか	（あ）	（い）
いつやるか	（う）	（え）
何のためにやる評価か	（お）	（か）

2．あなたが形成的評価を行うときに，どんな手順でやりますか？ 何をどんな順番で行うかを考え，下の語群を手順に従って並び替えなさい。さらに，それぞれの手順でどのようなセリフでスタートするかを書き出しなさい。

語群：お礼を述べる　事前テストをやってもらう　事後テストをやってもらう　アンケートに記入してもらう　形成的評価をやる目的を説明する　前提テストをやってもらう　教材を使ってもらう　教材をもう一度ふり返る

やること（語群から選択）	はじめのセリフ
（1）	
（2）	
（3）	
（4）	

(5)	
(6)	
(7)	
(8)	

フィードバック

1. （あ）教材を作っている本人
   （い）教材作成者以外の人
   （う）教材作成中（出来上がる前）
   （え）教材作成終了後
   （お）教材を改良するため
   （か）教材を使うかどうか決めるため

2. 手順とセリフは次のとおりです。手順はこのとおりに並んでいれば正解。セリフは，自分の言い方で，このような内容がカバーされていればOKとします。
   （1）形成的評価をやる目的を説明する
   「いま××についての教材を作っている途中なんだけど，実際に教材を利用してくれそうな人にとってどのくらい使いやすい教材なのか確かめたいんで，気軽な気持ちで取り組んでみてください」
   （2）前提テストをやってもらう
   「まず始めに，この教材を使うために必要なことをいくつか思い出してもらいます。確認の意味で，取り組んでください」
   （3）事前テストをやってもらう
   「次に，教材で教えたい内容をもうすでに知っているかどうかを確認します。最初からできる人が教材をやっても，教材のできがよかったからできるようになったとは言えないので，わるいんだけど教材を使う必要があることを確認したいんです。このテストができない人だけが教材をやる必要があるという意味だから，試しにやってみてください」
   （4）教材を使ってもらう
   「今までの2つのテストで，あなたはこの教材で学ぶ資格があって，かつ教材からまだ学ぶことが残っているということがわかりましたので，この教材を使ってこれから勉強してください。この教材は＜独

学>のために用意したので，私はここで見ているけど，なるべく自分だけで勉強を進めるようにしてね。どうしてもわからないところがあったら，そのときは知らせてください。教材が終わったら教えてください」

（5）事後テストをやってもらう

「では，これから教材で学んだことをテストします。テストのできがわるいときは，私の作った教材がうまく教えてなかったということだから，気軽に取り組んでください」

（6）アンケートに記入してもらう

「事後テストの出来がよかったので安心しました。次は，教材についてのアンケート（インタビュー）を用意したので，それをやってください」

（7）教材をもう一度ふり返る

「（記入されたアンケートについて,聞きたいことがあれば聞いてから）それでは，最後に教材をもう一度見ながら，やっているときのことを思い出していろいろと意見を言ってほしいと思います。まずこの表紙はどうですか？」

（8）お礼を述べる

「どうもありがとう。ずいぶん時間がかかってしまったけど，真剣に取り組んでくれたので，教材をどうすればもっとよくできるかいろいろと参考になることがわかりました。改訂版を作ったときには，＜協力者＞として名前を載せさせてもらっていいですか？」

第9章　教材を改善する

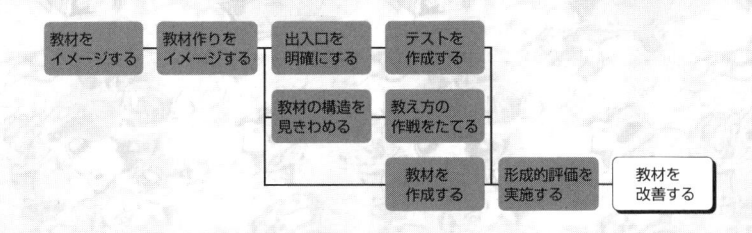

```
教材を      → 教材作りを    → 出入口を    → テストを
イメージする    イメージする     明確にする     作成する
                         ↓
                         教材の構造を  → 教え方の
                         見きわめる    作戦をたてる
                         ↓
                         教材を      → 形成的評価を  → 教材を
                         作成する     実施する     改善する
```

学習目標

1. 教材パッケージの改善では何をどう直す可能性があるかを説明できるようになる。
2. 形成的評価の結果を解釈できるようになる。
3. 与えられた形成的評価の結果から，教材の改善方法を提案できるようになる。

背景

　教材を作って，誰かに試してもらって，今その結果に満足していますか？　それとも，自分の実力不足を嘆いていますか？　あれだけ苦労して作ったのに，とんでもない人に協力してもらったなどと，使った人に責任転嫁したい気分ですか？　いろいろと駄目なところが見つかったけど，この先どうしたらいいか困っていますか？

　この章では，形成的評価で得られた結果をどのように料理して，教材のどこをどのように直すと効果的かという点について考えます。あなたが今まで一生懸命作ってきた教材ですから，これまでの努力に花を咲かせるために，もうひとがんばりしましょう。あなたの教材の形成的評価のためにたいせつな時間と実験台になる勇気を捧げた協力者の恩に報いるためにも。

教材の改善

　形成的評価の結果を受けて，今開発中の教材とその付属物（テストやアンケート）を手直しすることを「教材の改善」といいます。形成的評価は，完成前の教材の効果を確かめて，わるいところを見つけだしてそれを直すために行ったわけです。つまり，教材を改善するため，だったのです。

　教材を改善するといっても，どこをどう直すか，さまざまな改善方法が考えられます。しかし，実際に何をするのかを考えると，4つの方向が浮かんできます。**4つの改善**とは，次のとおりです。

（1）どこかに何かを**加える**（不足しているものがあるとき）
（2）どこかの何かを**削る**（多すぎるものがあるとき）
（3）どこかの何かを他へ**移動する**（順番がまずいとき）
（4）どこかの何かを**変更する**（もっとよい内容を思いついたとき）

　次に，何を改善するのか，を考えてみます。これまでに作ったものは，教材とその付属物（テストやアンケート）です。教材には，本題に入る前の導入と最後のまとめ，そしてその間にいくつかの説明と練習と出来具合の確認（フィードバック）があります。それらをまとめて考えると，**改善する候補**になるものは次のとおりです。

　　（あ）前提テスト　　　　　　（い）事前・事後テスト
　　（う）教材の導入部分　　　　（え）教材の説明部分
　　（お）教材の練習部分　　　　（か）教材の出来具合確認部分
　　（き）教材のまとめの部分
　　（く）アンケート（またはインタビュー項目）

　教材の改善を整理すると，上の（あ）から（く）までを見直して，不足を補う（加える），余分なものをなくす（削る），順番を変える（移動する），内容を改める（変更する）のどれかを行うことになります。何をどう直すかを決めるためには，形成的評価の結果を参考にします。

形成的評価の結果解釈

　　　　形成的評価の結果のどこに注目したら直し方がわかるのか，また何をどう直すと効果があるのかについて，ここでは説明します。

　形成的評価で**最も注目すべき結果は「事後テスト」の点数**です。たとえ教材を使っているときにいろいろと迷ったり戸惑ったりしていたとしても，結果的に事後テストの点数がよければ，まずは第一関門突破です。反対に，何の問題もなく教材を進めていたように見えたとしても，事後テストに不合格では教材が効果的であったとはいえません。事後テストの成績が合格だったのか，それとも不合格だったのか，不合格だったとしてもまったく話にならないほど点数がわるかったのか，それとももう少しのところだったのか，全般的にわるかったのか，それともある特定の内容だけ間違いがめだったのか。これらの点をまずチェックします。

　次に調べるのは**アンケートまたはインタビュー**の結果です。事後テストの成績がよかったとしても，教材に対する印象はどうだったのかが気になります。いやいやながらつまらないと思ってやっていたのか，それとも楽しんで学んでくれたのかによって，教材の直し方は違います。また，事後テストの成績があまりよくなかった場合は，どのあたりに問題があったのかがアンケートから読みとれます。やる気は満々だったけれどむずかしすぎて（説明不足で）歯がたたなかったのか，それとも，最初からあまりやる気になれなかったのか（教材の魅力不足）など，成績不振の原因はさまざまです。同じ点数でも，何が原因でその点数になったかを確かめるための有効な手段の1つがアンケート結果の分析なのです。

　さて，テストとアンケートを使って教材で学んだ「結果」を検討したら，次に，学ぶ過程がどうだったのかをふり返ります。まずは**「経過時間記録用紙」**を調べてみます。予想以上に時間がかかってしまったところはないか，また逆にすぐ終わってしまったところはないか。それでいいのか，それとも何か対策が必要か。1つのことにあまり長く時間がかかると，飽きられてしまう原因にもなります。一つひとつをなるべく短めに，しかも必要な時間を十分にかけられるような工夫が求められるでしょう。

次に形成的評価の7つ道具として用意した最後の道具「**観察プラン**」に基づく観察記録をチェックします。不安だったところは無事クリアーしたか，教材の山場は乗り切れたのか，あるいは，予想に反してつまずいてしまったところはなかったか。手や口を出してしまった箇所はどこで，何をどう直せば次には手や口を出さずにすむだろうか。独学しているようすを観察することで，自分が思っていたとおりに教材を使ってくれたかどうかがわかります。もし思っていたとおりでなかった場合には，何をどう変えたら思ったとおりに使ってもらえるのかを考えると改善へのヒントが得られます。

　最後に，教材終了後にもう一度教材をふり返ったときに聞いた**感想や意見**を整理します。「教材を使ったとき何をどのように感じていたか，どんなことを考えながら何をやったのか」など，観察していただけではわかりにくい内面を聞き出しておくと，教材を直すときに参考になるでしょう。形成的評価が「教材の改善」を目的にして行われたことを強調すれば，よいアドバイスを得ることができるでしょう。

教材改善の手順

　事後テストの結果から始めて，さまざまな角度から形成的評価の結果を検討したら，次に教材の改善に移ります。時間的な都合などで，すぐに教材の改善に着手できないとしても，「もし直すとしたらどこをどう直すといいか」についてのアイデアは，忘れないうちにメモしておきたいものです（注：今回の課題では，教材を実際に改善することはオプションです。しかし，教材作成報告書には，形成的評価の結果を検討して，もし教材を改善するとしたら何をどう改善するかを具体的に提案することが求められています）。

　教材の改善は，図9-1に示す手順で行うのがよいといわれています。思いどおりの結果が得られないからといって，すぐ教材を破り捨ててすべて作り直そうとするのは，たいていの場合，性急すぎます。せっかく作った教材を直す前に，「**本当に教材はこれでは駄目なのか**」という問いを立てて，教材そのもの以外に駄目なところ，それを直せば教材そのものは直さずにすむのではないかと思えるところがないかどうかをまずチェックしてみましょう。教材そのも

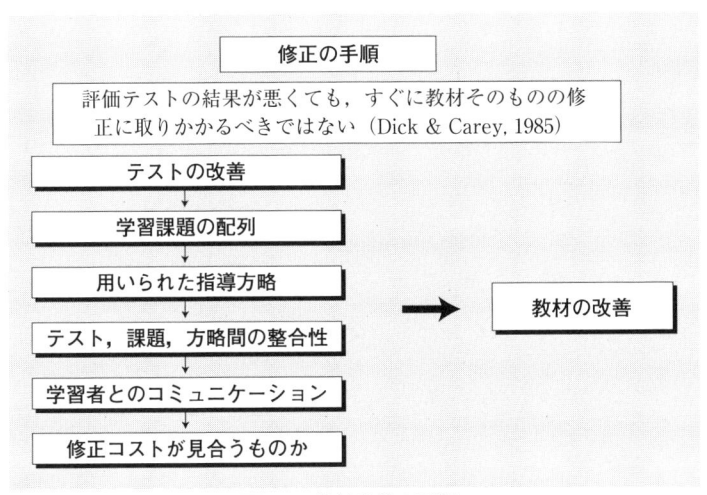

```
        ┌──────────────┐
        │  修正の手順  │
        └──────────────┘
  ┌──────────────────────────────────┐
  │ 評価テストの結果が悪くても，すぐに教材そのものの修 │
  │ 正に取りかかるべきではない（Dick & Carey, 1985）│
  └──────────────────────────────────┘
   ┌──────────────┐
   │  テストの改善  │
   └──────┬───────┘
          ↓
   ┌──────────────┐
   │ 学習課題の配列 │
   └──────┬───────┘
          ↓
   ┌──────────────┐
   │用いられた指導方略│
   └──────┬───────┘
          ↓                  ┌──────────────┐
   ┌──────────────────┐  →   │  教材の改善  │
   │テスト，課題，方略間の整合性│      └──────────────┘
   └──────┬───────────┘
          ↓
   ┌──────────────────┐
   │学習者とのコミュニケーション│
   └──────┬───────────┘
          ↓
   ┌──────────────────┐
   │ 修正コストが見合うものか │
   └──────────────────┘
```

図9-1　教材改善の手順

のに手を入れるのは，それからでも遅くはありません。

　まず最初に，**出入口を再検討**します。事後テストに高得点を収めたとしても，それは本当に実力がついたからといえるのか。もしかすると，知らなくても答えられる問題だったのではないか。あるいは，最初から知っている人が教材をやっただけだったということはないのか。テストの結果そのものをまず疑ってみます。

　次に，**教材の構造を再チェック**します。今ある部分の教材はわるくなくても，何か不足しているところがあったから成績がわるかったのではないか。あるいは，単に順番が違っていたせいだったのではないかなど，組み立て方を検討します。それが終わったら，**指導方略を見直**します。導入の方法，情報提示の方法，練習とフィードバックの方法など，独学のために効果的な学習環境が用意されていたのかどうかを調べます。テストに出している問題と教材の配列や教え方がばらばらではないことを確認したら，次にこちらの意図が教材の使用者に伝わったのかどうか，つまりコミュニケーションがうまくとれていたのかどうかをチェックします。

　ここまでの手順について，**教材改善のチェックリスト**が巻末の資料にあります。自分で作った「教材」をチェックするときに役立ててください。チェック

リストは，大きく4つに分かれています。（1）教材の出口と入口は明確か（2）課題に見合った構造を考えたか（3）課題にマッチした指導方略を立てたか（4）教材がひとり歩きするために十分な作戦だったかを確認します。いろいろな角度から，一つひとつのポイントを検討することで，教材を改善するための提案を「ひねり出す」ことができます。

　まず，直すとしたら何ができるか（可能性としての改善）をすべて洗い出してみましょう。実際にどう直すかを考えるのは後まわしにして，「理想的にはこうすればよいのではないか」を考えるつもりで。実際に，どの改善から手をつけるかは，その作業がすんでから考えます。

改善のコスト効果

　「もしこの点を改善したとして，改善するために必要な時間や労力が改善による効果に見合うものになるだろうか」という点を検討することをコスト効果（コストあたりの効果）を検討するといいます。すぐに直せるもので，しかも大きな効果向上が期待できるものを，コスト効果が高いといいます。逆に，手間暇ばかりかかって，お金もかかるのに，教材の効果がその改善によってそれほど高まるとは思えないものを，コスト効果が低いといいます。これをやって「もとがとれるか」，「採算があうか」というチェックは，コスト効果のチェックです。

　この章では，教材とその付属物について何が直せるのかを洗い出してきました。さまざまな観点からチェックすると，あれもできる，これもできるという改善案がメモできたと思います。そのメモは，改善する箇所の候補リスト，と考え，実際にどれから手をつけて直すかを決定する際には，コスト効果を考慮に入れます。すぐできて効果が抜群な改善点から実行に移すのが，賢いやり方です。

事例

「釣り入門」の大場君は，形成的評価の結果をどのように受け止めて，教材をどう直そうと思っているのでしょうか。第8章の形成的評価についてのレポートをもとに大場君が何を考えているのかをみてみましょう。

形成的評価の結果を教材の改善という点からもう一度整理すると，「釣り入門」の場合，表9-1のようにまとめることができる。

表9-1　「釣り入門」形成的評価の結果

	実技編	知識編
前提テスト：	口頭確認	前提条件なし
事前テスト：	途中放棄	不合格
事後テスト：	合格	不合格（進歩少し）
アンケート：説明不足を指摘された（特に知識編）		
経過時間記録：実技編で予定オーバー（餌の水溶性がわるい）		
観察プラン：知識編で教材に落丁あり（魚体名称）		
終了後の意見：知識編で注目箇所を教えてほしい		

まず最初にチェックする項目の事後テストでは，実技編は合格，知識編は不合格という結果で，少なくとも知識編は何かを改善しなくてはならない。教材に問題があると思うけれど，教材自体を直す前に，もう少しチェックするところがあるようだ。テスト自体は問題がないと思う。知識編では，事前事後テストとも同じ問題だったし，偶然正解することを避けるためにすべて「記入式（再生式）」を採用した。このテストが不合格ということは，実力がついていないことを表していると考えていいだろう。同じテストを2度受けてあまり進歩がないんだから，やはり教材に問題があると思う。

1つだけ気になるのは，前提テストを設けなかったこと。つまり，「超初心者」を相手にする教材なんで，「ある程度の知識がある」という条件はつけられなかった。大学生相手だから，漢字が読めないということも考えられなかったし，実際の評価場面でも，読むことについての問題はなかった。あとは，課題の難

易度の問題だ。魚の名前６つ，魚体名称６つ，道具の名称６つの合計１８個を覚えるだけだから，最初から何も知らなくても，そんなにたいへんだとは思えない。やはり，内容がむずかしすぎるというよりは，教え方に問題があったと考えてよいと思う。

あとから出てきた実技編のほうが楽しくて，前にやった知識のほうは忘れてしまったのかもしれない。あるいは，「覚えなければいけない」ということすらもどこかへ行ってしまったのかも。教材の導入部分で，実技と知識と両方のテストがある，両方とも目標にしてくれと，もう少し念を入れて説明を加える必要があるかもしれない。

もう１つの方法は，順番の変更だ。実技をまずやってから，知識編をやってもらえば，事後テストまでに忘れるということはなくなる。でも道具の名前はあらかじめやっておかないと，実技編をやるときに不便だ。実技編の前後に知識編を分割して移動するか，それとも順番は変えずに実技編のあとに，知識編の復習（総合練習）を追加するか，どちらかで解決できるかもしれない。

でも，順番を変えたり，忘れないようにもう一度練習したりするだけで大丈夫だろうか。知識編の魚体名称のところで用意した教材のページをつけ忘れてしまったのは論外としても，アンケートや教材終了後の意見にももう少し詳しい説明がほしいという指摘があった。教材の説明部分も，もう一度見直してみよう。

実技編はどうだろうか。事前テストと事後テストの点数を比べても，大分進歩が見られたようだし，意見を聞いても教材の教え方はよかったようだ。経過時間記録で気になるのが餌の水溶性の問題。今回の餌はどうせ本物ではないので，余計なところで必要のない時間を使うのはもったいない。何か違う方法を考えよう。

改善の手順に基づいて，「もし変えるとしたら何をどう変えるか」の可能性はだいたい検討した。あとは，改善のコスト効果を考えて決断あるのみ。コスト効果とは，なかなかいい。最小限の努力で最大限の効果をねらう。ただでさえ忙しい身にとっては，わるくない考え方だ。

一番簡単で効果があるのは，入れ忘れたページを入れること。チャンクごとにページは分かれているから，並び替えるのも簡単。魚と魚体の名称は実技編

のあとにもっていこう。そして、少し手間がかかりそうだけど、魚と魚体の説明部分に情報を追加する。今あるページは余白が多いから、それを使って「書き足す」ことができる。そして最後に「導入部分」の変更。これは、今あるものを放棄して、新しく、よりわかりやすい文章を用意しよう。

　さて、教材の改善とやらに取り掛かるか。レポート提出までにまだ少し時間があるから、もう1人捕まえてきて、直した教材をもう一度形成的評価で試したい。せっかく直すんだから、少しは「マシ」になったかどうか確かめてみよう。そうか、思いついたこと全部を改善しなくても、手軽な改善だけやって、誰かにやらせて、それでもだめならば手間のかかる大改善に着手するという手もあるな。餌の問題は、とりあえずこのままにしておいて、次の人もどうしても時間がかかるようであれば、何か他の材料を工夫しよう。今のところ、問題があるのはわかっているけどいい解決策が思いつかないから、まあこれは仕方ないだろう（ということにしよう）。システム的アプローチで、少しずつよくして、最初から完璧をめざさないということも、前に教わったし…。

第9章のまとめ

　この章では、これまで作ってきた教材とその付属物をよりよいものにしていくために、形成的評価の結果をどのように利用したらよいかについてみてきました。改善の方向としては加える、削る、移動する、変更するの4つがあること、改善するものとしては教材（導入、説明、練習、出来具合の確認、まとめ）のほかにテスト（前提、事前、事後）やアンケートがあること、改善方法を探るためには学習の成果、教材の印象、学習の過程、協力者の感想や意見などをチェックすること、改善するといってもいきなり教材の手直しに着手せずにテストや内容の配列、説明の方法など多面的に検討し、コスト効果も視野に入れること、などを確かめました。また、改善のチェックポイントを1つずつあげたチェックリストも提案しました。

練習

1. 「教材を改善する」といっても，教材そのもの以外のものも直す可能性があります。教材以外のもので，直す可能性があるものを4つ，「形成的評価の7つ道具」（第7章）の中から答えなさい。
   - （1）[　　　　　　　　　　　　　　　　　　　　　　　　]
   - （2）[　　　　　　　　　　　　　　　　　　　　　　　　]
   - （3）[　　　　　　　　　　　　　　　　　　　　　　　　]
   - （4）[　　　　　　　　　　　　　　　　　　　　　　　　]

2. 「教材を改善する」とは，実際にどのような作業をするのですか。4つの可能性をあげなさい。
   - （1）[　　　　　　　　　　　　　　　　　　　　　　　　]
   - （2）[　　　　　　　　　　　　　　　　　　　　　　　　]
   - （3）[　　　　　　　　　　　　　　　　　　　　　　　　]
   - （4）[　　　　　　　　　　　　　　　　　　　　　　　　]

3. 表9-2に，教材を改善するために何をするかについて26の提案の一覧表を示しました。この表の中から，次のような形成的評価の結果が得られた場合に最も効果的な教材改善の選択肢を選び，その理由を述べなさい。
   - （あ）事後テストでは合格，アンケートでも「なかなかよくできている教材」と言われ，協力者にほめられた。観察していても，とてもスムーズに進めていた。前提テスト，事前テスト，事後テストともに満点だった。
   - （い）事後テストは不合格，アンケートでも「よくわからなかった」と言われ，ショックを受けた。観察していても，思ってもいないところでつまずいて，用語を理解できないようだった。やるべきことが何かはわかっているようだったが，むずかしすぎて歯が立たないようすだった。
   - （う）前提テスト合格，事前テスト不合格で始まって，事後テスト合格で終わった。あとで聞いてみると，進め方はわかったけど，あまりおもしろくなかったという。でも，手早く大事なところだけ身につけられたのは，この教材のおかげだと言われた。

さて，あなたなら何をどう直しますか。それはなぜですか？

　　　（あ）選択肢：　　　　　理由：[　　　　　　　　　　　]
　　　（い）選択肢：　　　　　理由：[　　　　　　　　　　　]
　　　（う）選択肢：　　　　　理由：[　　　　　　　　　　　]

表9-2　教材改善のA to Z　（Debert, 1977）による

＜付加＞
A：前提技能と知識に関する説明を加える
B：学習者に教材の使い方の訓練を加える
C：教材を使って指導する教師への訓練を加える
D：予告（先行オーガナイザー）を加える
E：イラストを加える
F：作業の補助を加える
G：例を加える
H：活動を加える
I：フィードバックを加える
J：転移のための練習を加える
K：テスト項目を加える
L：動機づけを加える
M：多様性を加える

＜簡易化＞
N：複雑さのレベルを下げる
O：用語を簡単にする
P：より小さい単元を使う
Q：より大きい単元に教材を合わせる
R：順序を変更する
S：関連性の薄い情報を削除する
T：関連性の薄い活動を削除する

＜その他＞
U：例をより関連のあるものにする
V：教授メディアを変える
W：授業設計のフォーマットを変える
X：形成的評価に用いた学習者を変える
Y：プロジェクトを破棄する
Z：変更をしない

4．あなたが今開発中の教材について，形成的評価の結果を受けた教材の改善案を別紙に作りなさい。

フィードバック

1．教材以外に改善の対象となるのは，順不同で，（1）前提テスト，（2）事前テスト，（3）事後テスト，（4）アンケート（またはインタビュー項目）の4つ。導入，情報提供，学習活動，練習，指示，まとめなどは，もちろん改善の対象になるが，これらはすべて「教材の一部」であるから，「教材以外のもの」としては不正解。

2．教材を改善するために行うことは，順不同で次の4つの作業にまとめられる。（1）何かを加える，（2）何かを削る，（3）何かを他へ移動する（順番を変える），（4）何かを変更する。

3．（あ）X：形成的評価に用いた学習者を変える
　解説　すべてうまくいったように見えるので，「Z：変更をしない」と言いたいところですか。あるいは，簡単すぎたようなので，もう少し上をねらって，「Q：より大きい単元に教材を合わせる」を選びますか。それとも，だいたいよかったので，「S：関連性の薄い情報を削除する」や「T：関連性の薄い活動を削除する」程度のマイナーチェンジでよしとしますか。

　残念でした。うまくいったように見えますが，「事前テストが満点」であった協力者から得られたデータは，まったく参考になりません。あらかじめ内容を知っている人にとっては，教材が「よくできている」ように見えても，それを知らない人にとっては別問題です。

　この場合は，協力者に選んだ人が予想以上に出来すぎの人であった，あるいは「協力者は出来ない人でなければならない」という条件を忘れて頼んでしまったと考えられるので，事前テストに合格できない人にもう一度教材を使ってもらう必要があります。すべての改善プランは，そのあとでなければ立てられないことは，もうわかりますね。

　（い）X：形成的評価に用いた学習者を変える，または，A：前提技能と知識に関する説明を加える，または（前提テストとして）K：テスト項目を

加える

解説　こういう結果だけはいやだ，と思うようなケースですね。「Y：プロジェクトを破棄する」なんて，早まらないでくださいね。1つだけ救いと思われることは，この協力者がはたして教材を使う準備が整っていた人なのかが不明であるということです。したがって，答えとして受け入れてもよいものは上記のとおり3つあります。

　もし，形成的評価において前提テストをしっかりやってあって，しかもその結果が「不合格」であった場合は，協力者がもともと教材を使うレベルの人ではなかったと考え，Xを選択するのが妥当です。（あ）の場合とは反対に，今度は前提テストに合格できるような人を探して形成的評価をやり直すことになります。

　一方で，同じ「不合格」だった場合でも，協力者のような人にやってもらいたいと思って作った教材なんだ，この人を選んだのは間違いではない，と思える場合には，前提条件の設定そのものを変更する必要があります。この26項目のリストにはありませんが「前提テストを修正・変更」してもっとレベルを下げて，今回の協力者のような人でも合格できるものにします。そのあとで，今回前提条件として設定したことがらについては教材の中で扱う必要がありますので，教材にその部分を付加する，つまりAを行う必要が生じます。

　もう1つの可能性は，前提テストがしっかりしていなかった場合，あるいはやらなかった場合の改善として，Kを選択することです。入口を明確にしないと，教材の善し悪しは判断できません。前提テストの信頼性が疑われる場合には，まずこの改善から着手すべきです。

　その他の解答として，むずかしすぎて歯が立たないようすだったから，「N：複雑さのレベルを下げる」とか「O：用語を簡単にする」などが考えられます。この方向での改善は，出口の見直しにつながり，教えたいと思っていたことを半分あきらめることを意味します。どうしても一度では無理だということが判明したときには，思い切って教材を前半後半に分けたり，目標を低く修正したりすることも止むを得ません。しかし，現時点ではまだ選びたくない選択肢です。まず，XかAかKの改善を実施して，うま

くいかなければ，加える方向でさらに「E：イラストを加える」から「J：転移のための練習を加える」のような改善を試み，それでもだめな場合に最終的に選ぶようにしたいですね。

ちなみに，XかAかKの改善を飛び越してEからJのような教材に何かを追加することに手をつけるのは，もしかしたら直さないでもすむ部分ですから，絶対に不正解，とはいえないまでも，順序として最善ではありません。いったん入口にたどりつけば，あとはこの教材で十分である可能性があるからです。今ある部分をもっと詳しくすることと，今ある部分以前の段階を新たにつけ加えることとを，分けて考えるべきです。

最後に，同じ加えるでも「B：学習者に教材の使い方の訓練を加える」は不適当です。やるべきことが何かはわかっているようだった，のですから。

（う）Z：変更をしない

解説 出入口のチェックについては理想的です。必要と資格がある人が，教材をやることでできるようになったのですから，効果面でいうことはありません。何を改善するとしても，あとはマイナーチェンジになります。

「あまりおもしろくなかった」というコメントから考えると，まずは「L：動機づけを加える」という一般的な答えが浮かびます。より具体的には，「E：イラストを加える」ことで，教材の見た目を魅力的にすることもよいでしょう。さらに，「H：活動を加える」ことで，教材をより双方向的なものにして，退屈を防ぐという対策もよさそうですね。

これらの「学習意欲」や「教材の魅力」を高めるための改善策は，改善するとしたら妥当なものです。しかし，もう1つの答えとして，あえてここでは「Z：変更をしない」を最善手として提案します。その理由は，コスト効果の観点から，必要のない改善をしないようにすることにあります。

さらに，見た目ではなく教材の本当の「魅力」という点からも，「Z：変更をしない」が一番かもしれません。魅力を高めようとしてゴテゴテと飾りつけるのは，かえって迷惑なことがあります。「あまりおもしろくなかった。でも，手早く大事なところだけ身につけられた」という協力者の発言から，この教材は，シンプルだけどキーポイントを押さえていて効率的な

教材だったと判断できます。「L：動機づけを加える」をやるとしても，あまり行きすぎないように注意が必要です。教材をよりむずかしくしてチャレンジ精神を刺激するために「J：転移のための練習を加える」というのも，案外最も効果的かもしれません。

4．「釣り入門」の大場君が考えた教材改善について，もう一度読み直して，あなたが作ったプランと比べてみてください。そのとき，次の観点からチェックすること。

　　（1）事後テストの結果をまず解釈したか
　　（2）教材を直す前に，その他の改善を検討したか
　　（3）チェックリストを使って「理想の改善」を考えたか
　　（4）コスト効果を考慮して改善点の優先順位をつけたか
　　（5）教材改善と次の評価の実施計画を立てたか

第10章　おわりに

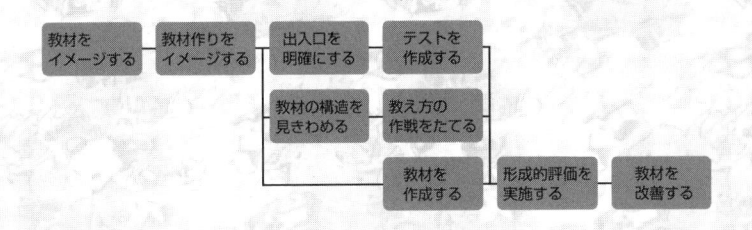

```
教材を          教材作りを        出入口を         テストを
イメージする  →  イメージする  →  明確にする   →  作成する
                                       ↓
                                 教材の構造を      教え方の
                                 見きわめる    →  作戦をたてる
                                       ↓
                                  教材を          形成的評価を      教材を
                                  作成する    →  実施する    →    改善する
```

学習目標

1. なぜ今「独学を支援する教材」がたいせつかを，情報活用能力の育成という観点から説明できるようになる。
2. 「独学を支援する教材」を作ったことのメリットとデメリットをあげることができるようになる。
3. 「教える専門職」にある者が，どうすれば成功的教育観を持続することができるかを考え続けるようになる。

背景

「内容は何でもいいから独学を支援する教材を1つ作る」という本書での課題は，いつでもどんな場面でも応用可能なインストラクショナルデザインの基礎を教えたい，とのねらいで設定したものでした。本書そのものの構成も，独学を支援することを意識したものでした。一方で，教員になろうとしている学生諸君からは，「あまりすぐには（特に教育実習では）役立たない」とか，「独学を支援する教材が作れるようになっても教壇に立って授業ができるようになることにはつながらない」，あるいは「免許を取得する科目にも直接関係ない内容だ」という声や，「情報社会の今，どうしてプリント教材なのか」という疑問の声も聞こえてきます。

とにもかくにも，第1章「教材をイメージする」からスタートした独学を支

援する教材作りも，第9章「教材を改善する」まで進み，作業進行を示すチャートも，すべて完了しました。インストラクショナルデザイナーの基礎訓練を無事終えたことになります。ここで，これまでの作業をふり返り，「独学を支援する教材作り」とは何であったのかについて，想いをめぐらせてみたいと思います。

今回体験したような「独学を支援する教材」を作ることは，どのような意味を持っているのでしょうか。またそれを使って学習することがこれからの「情報社会」を生きていく子どもたちにとってどんな意味があるのでしょうか。この章では，これからの「学び」とこれからの学校，そしてそこで働く教師について考え，独学を支援する教材作りを体験した（させられた）価値を認めてもらえれば幸いです。企業内教育や生涯学習講座の関係者には，「学校式」の教育方法を見直すきっかけにしていただけると嬉しいです。

情報活用能力と独学を支援する教材

文部科学省は10年に一度，学校で教える内容の基準を示した「学習指導要領」を改訂しています。1992年（平成4年）4月からの改訂では，『新学力観』が打ち出され，「各教科等の評価においてみずから学ぶ意欲の育成や思考力，判断力，表現力などの能力の育成を重視する」という方針が明らかにされました。この改訂のキーワードの1つが「情報活用能力」でした。

2002年（平成14年）4月から実施される改訂では，「総合的な学習の時間」が小学校3年生から高校生まで新設され，「生きる力」の育成が声高に叫ばれました。教科の内容を3割減らす代わりに，環境や情報，国際理解などの現代の諸問題に取り組む実践的な力を身につけさせ，自分から進んで解決していこうとするたくましさを育てなければならない，というわけです。この，総合的な学習を進めるためにも，そして「生きる力」を育てるためにも，肝心なのは，前回の改訂から主張されている情報活用能力なのです。

情報活用能力には，情報活用の実践力の他に，情報についての科学的な理解や情報社会に参画していく態度が含まれていると定義されています。情報活用能力を育てるとは，授業の内容をすばやく理解する**「情報処理の力」**をつける

ことと同じではありません。とにかく多くの情報を詰め込むということよりも，自分で考え，自分のやり方で情報と立ち向かえるようにさせる。将来的には，学校を卒業したあとでも先生がいなくても自分の力で学びを続けることができる素地を培っていくという方向を意味します。

　情報活用能力を育てることは，すなわち**「独学」ができる**ということを意味します。学ぶ内容も，学び方も先生に言われたとおりにすべて何も考えずにひたすら処理する，ということではありません。学ぶ内容を確かめて，学び方を工夫して，自分の学びを自分で確かめながら1つずつ身につけていく。そんな主体的で，自立した，情報を自分でコントロールできる力を育てよう，ということなのです。素直に教師（上司）のいうことを聞いてくれるのはいいけれど，結果として「指示待ち人間」を大量生産するのはもうやめよう，と言い換えてもよいですね。

　先生が中心になって進めていく講義形式の一斉授業の中で，この情報活用能力を育てることは困難です。それどころか，「言われたとおりに行動する」「黙って指示を待つ」「がまんするものだ」という考え方が徐々に身についていることが気になります。情報を整理して消化（処理）しようとするだけの受け身の学習態度を助長し，「指示待ち人間」を大量生産します。教師の側でも「これは大切だからしっかり理解して覚えておいてください」などと指示を与えるやり方を多用するようになります。

　講義形式の授業は，聞き手が情報活用能力を持っているからこそ成立する教育方法です。本書での説明の方法を使えば，講義形式という指導方略は，**情報活用能力が備わっていることを前提条件として成立する**，すなわち，講義形式では前提条件である情報活用能力は教えない，責任範囲外のこと，ということになります。

　大学や職場で講義という形の教育方法が成り立つのは，講義で仕入れた情報を自分で解釈し，必要な情報を選択・再構築し，さらに生じた疑問点を自分で解決していく力が備わっている「自立した学び手」が相手だからです。そうでなければ，そういう姿勢で講義にのぞまなければ，ひたすら暗記するために聞くような，単なる情報のシャワーを浴びることで終わってしまいかねません。情報活用能力を育てることが今の大きな課題として注目されているということ

を裏返せば，現在の学校では，子どもが講義形式の授業を受けるようになるまでに，情報活用能力を十分育てられていないという危機感があるといえます。今までの学校教育を受けてきた皆さんの実感としては，どうでしょうか。

大学でも職場でも，「指示待ち人間」がふえて困るという声はよく聴きます。しかし，大学でも職場でも，学習方法の中心が講義形式なのはどうしてでしょうか。情報活用能力が備わっている人が相手であるという前提がもはや成立しないのに，講義形式中心を変えなければ，自立的・主体的な人が育つはずがありません。「独学」形式を採用する必要性は，学校のみならず，大学でも職場でも，子ども相手でも大人相手でも，共通なものです。

筆者は，あるとき企業内教育担当者の研究会に参加して，企業内教育でさえも，「講師が受講者に向かって説明をする。受講者はそれを聞いてノートする」という学習スタイルがしみわたっていることに驚いたことがあります。

企業は効率的に社員教育をする必要があるから，本書で紹介したようなことはすでに常識だろう。講師は受講者に合格条件を提示したら，「講義」と称してみずからの体験談などを披瀝して（あるいはテキストに書いてあることをいまさらのように解説するなどというむだな営みによって）いたずらに研修時間を奪ってはならない。基礎知識も適性も，あるいは学びのスタイルも異なる受講者を一度に集めて，同じ方法・同じペースで学ぶことを強いるのは効率が悪い。研修意欲に燃える受講者のやりたい方法で，みずからの工夫をこらして，合格条件をクリアすべく学びを進めることができるように，やりがいのある課題と，たっぷりとした時間と，機能的な学習環境を確保すること，あるいは研修生相互のチームワークを促進すること。これこそが講師の任務である。

こんなイメージをいだいていました。しかし，企業内教育担当者の間でこの考え方は常識ではないようでした。むしろ，学校教育のやり方をそのまま受け継いでいるところが多いとのことでした。

どこがおもしろいのかまったくわからない内容を，とにかく先生から言われたとおりに学ぶ。ひたすら覚えて，なんとか点数を取る。勉強とは無味乾燥で辛いもので，自分から進んでやるものではない。生涯学習の時代だといわれて，次々と自分が成長していけるバラ色の時代を思い浮かべる代わりに，あの辛さ

が一生続くのかと暗い気持ちになる。もしこのような「学ぶ」ということに対して否定的なイメージが共有されているとすれば，それは，とても残念なことですね。

　情報活用能力を育てることを真剣に考えるのならば，授業のやり方を見直さなければなりません。いままでのやり方でうまくいくのならば，ことさら重要であると強調する必要はないのです。情報活用能力が備わっていることを前提にして授業するのではなく，逆に，情報活用能力を育てることを目標に据えて授業のやり方を考えていくことが求められます。学ぶ側に主導権を持たせ，先生は子どもたちの活動を側面から援助する。そんな活動がもっと取り入れられなければ，情報活用能力を育てるというもくろみは，単なるスローガンに終わってしまうことになるでしょう。学ぶって楽しいことなんだ，という経験を広めることはむずかしいでしょう。

　「独学を支援する教材」には，**学びを助けるためのさまざまな工夫**が盛り込まれています。教材を使う経験をとおして，学ぶ側は，どうやったら自分で効果的に学ぶことができるかを知ることができます。一方，教材を作る経験をとおして，教える側は，どうやったら学びを効果的に支援することができるのかを知る手がかりになるでしょう。独学を支援する教材を作る／使うことと情報活用能力を育てることは，このようにして結びついています。

これからの学校と独学を支援する教材

　1992年の学習指導要領の改訂を受けて，小学校では「生活科」が始まりました。中学校へは各学校22台のパソコンが導入され，技術家庭科に「情報基礎」という領域が新設されました。コンピュータについて教える「情報基礎」だけでなく，その他の各教科の授業でコンピュータを使って教えるための指針も出されました。また中学校では「選択教科」として子どもに学習内容を選ばせ自分で学習計画を立てさせる制度も導入しました。これまでの教科書中心の学習内容の枠を超えて，日本全国の先生方と中学生の創意工夫で特色のある学習活動が展開されています。私たちの時代の学校とは少し違った，**時代の変化を反映した学校に変わっていこう**としているわけです。

2002年からの改訂に向けて，インターネットに全国のすべての学校が接続され，すべての教室からインターネットが使えるようにするために学校内ネットワーク（LAN）の整備も進んでいます（目標は2005年）。中学校の技術家庭科の「情報基礎」は「情報とコンピュータ」として拡充・必修化され，また，普通科高校に新たな必修教科「情報」も加わることになりました。教育の情報化も進み，ホームページで情報発信をする学校もめずらしくなくなりました。私たちが持っている「学校式」のイメージも徐々に変わってきています。

　一方で，学校ほど古いものが残り，伝統的な方法が幅をきかせているところはないといわれます。コンピュータなどの新しい「チン（珍）入者」は物好きに任せておいて，ふだんどおりの授業をしていたほうがよいという空気が漂っています。あるいは，逆に，新しいものはこれからの若い先生に任せたい，という期待が待ち受けていると考えたほうがいいのかもしれません。

　独学を支援する教材は，プリント教材として作りました。時代の波に逆流していると感じたかもしれません。しかし，プリント教材でも立派に独学を支援することは可能です。そして，そのプリント教材をコンピュータに入れることでCAI（Computer-assisted Instruction）教材と呼ばれる**コンピュータを使った教材**に発展させることが可能です。教える側が手や口を出さないでも独学できるということは，その教材をコンピュータに入れても十分にコンピュータ相手に学習が進められるということを意味します。先生に直接教わらなくても，自分の苦手な分野を自分の好きなときに，自分のペースで独学できる。そんな使い方もコンピュータには期待されています。独学を支援する教材作りでは，コンピュータを使わないで，授業でのコンピュータ活用法の1つを経験した，といってもよいでしょう。

　情報活用能力を育てることが叫ばれ，新しい授業のやり方が求められています。いままで使ったことがないコンピュータを取り入れていくことはその1つの方法になります。しかし，コンピュータが学校に入ったからといって，実際に一人ひとりの子どもがコンピュータを使う時間はそんなに多くはありません。コンピュータが入っても，ふだんの授業が昔のままだと，ほとんど変わらないままになるでしょう。

　生活科，コンピュータ授業，選択教科，総合的な学習の時間，あるいは情報

科と新しいものが少しずつ学校に取り入れられている一方で，ふだんの授業のやり方には学校の伝統的な体質がそのまま反映されているようです。今やっているような方法の授業をどうしてやっているのかと聞かれたときに一番多いのは，**「自分がそういう授業を受けたから」**という答えだといいます。何世代にもわたって受け継がれてきた授業の雰囲気や，「あたりまえ」「これしかない」とも思われる授業のやり方。これが先輩の先生方のやり方をよく見習って，他のクラスとあまり違わないようにという暗黙のプレッシャーによって守られているようです。このあたりの「教育方法の踏襲」の仕組みは，企業内教育でも講習会でも似たような事情がありそうですね。

　これまでの授業でもさまざまな「教材」が使われてきました。皆同じようでも，実は先生によって，授業の方法は個性的で，さまざまな工夫がそこには凝らされています。「独学を支援する教材」も，そんな工夫の中から生まれたものの一つです。もしかすると，皆さんのこれまでの経験に照らすとどこか違う「チン（珍）入者」のように思われ，授業でこんなものは使えないと感じるかもしれません。しかし，こんな方法もあるのです。どんな使い方ができるか，工夫してみてはいかがでしょう。たとえ，「自分はそういう授業を受けたことがない」としても。もしかすると，こんな方法がこれからの学校ではたいせつな授業方法になるかもしれません。授業の方法は，それを決める先生によってしか変えることはできないのです。

　「独学を支援する教材」を作ってみることに限らず，**何か新しい，自分の知らない教え方はないものだろうか，という探求の姿勢を持つこと**は，「教える」ことのプロになって自分を高めていくためには不可欠です。多くの教師が，授業の方法に工夫を重ね，さまざまなノウハウを蓄積してきました（例えば，社会科は暗記教科だったという思い出しか持っていない人には，ぜひ安井俊夫『発言をひきだす社会科の授業』（日本書籍，生き生き教室社会）を読むことをすすめておきます）。その工夫が情報活用能力を育てるという目標に対しては効果的かどうか，という視点にたって，教材作りで学んださまざまな枠組みで整理してみるとよいでしょう。

「リーダー」としての教師

　教師が自分の力を磨いて，プロの教師をめざそうとするときに，もう一つたいせつだと思う側面は「リーダーシップ」です。例えば，生徒に「情報活用能力」を教えたいと思うならば，まずは教師がその能力を身につけることが必要となります。自分でできないこと，自分の知らないことを教えようとするのはなかなか困難だからです。「教えることによってより深く学ぶ」とも「まずしてみせること」とも「生徒は教師の鏡？」とも言います。サークル活動などで後輩に何かを教えた経験のある人は，「そうだ」と思いあたることもあるのでは？

　教師は**数十人の生徒を相手にして**，「教える」ことがその仕事です。教えたいことを自分でよく知っている，自分でできることは第一歩ですが，それだけでは不十分です。クラスをまとめ，生徒を「学習活動」に導くための力が求められています。一斉指導の中で生徒を静かにさせておきたいという気持ちは，「一度騒ぎ出すと収拾がつかなくなる（つける自信がない）」という不安があるからではないでしょうか？　対決と交流を求めて意見をたたかわせるディスカッションを取り入れようとするためには，意見を整理したり，活発な議論を「仕切る」力が必要です。グループ作業を成功させるためにはグループの中にリーダーを育てる必要があり，そのためには教師がリーダーとはどうふるまえばよいかを教えられる（つまり自分でそうふるまえる）ことがたいせつです。これらはすべて「リーダーシップ」に関わることです。

　この点に対しては，本を紹介しておきます。国分康孝『リーダーシップの心理学』（講談社現代新書725）です。国分は，十数年学校教師の相談（カウンセリング）をした経験から，「教師にリーダーシップの素養がもっとあれば落ち込まずにすんだのでは」と思い，「教師は臨床家である。臨床家には臨床家向けのもっとプラクティカルな訓練が必要，その1つとしてリーダーシップがあげられる」という観点からこの本を書いています。「リーダーの条件，リーダーとはどんな人物であるべきか」という点を読みとり，リーダーとしての教師像を描いてみてください。

　もう一冊は，川喜田二郎『チームワーク』（カッパビジネス）という本です。

川喜田二郎は『発想法』(中公新書)「KJ法(川喜田二郎のイニシャル)」などで有名な学者です。この本は、彼がネパール探検などの探検隊を率いる中で、仕事を成し遂げる手順とそれを支えるチームワークについて学んだことを書いた本です。もしこれからの教師が、教科書などでただ与えられた知識を黙々と覚えることを教えるのではなく、チャレンジする課題を設定し、それを自分でやり遂げるような子どもを育てたいと考えるならば、「仕事」とそれを支える「チーム」という考え方をぜひ身につけてほしいと思います。そのために、この本をすすめます。

要求されないことをやり続ける意志の力

「教師は教え方がいくら下手でもクビになることがない」という妙な現実があります。教師は一度免許を取って学校に入れば「一人前」の教師として扱われます(ようやく初任者研修制度ができましたが)。ふつうの会社のように、「上司」が仕事を監督して指図してくれるわけではありません。自分で自分に鞭を打って、**プロの教師**になるべく研鑽を重ねなければならない立場に置かれるのです。誰からも「やれ」と言われることもなく、努力するかしないかは全面的に自分の判断に任されることになるのです。仕事をさぼって、自分の授業を反省するかわりに生徒のせいにするような教師は、生徒から好かれることはないでしょうが、だからといって「クビ」なることはありません。

「**教師はとてもたいへんな仕事**だ」と思います。しかし、それは、「仕事の量が多い」という理由からではありません。仕事の量の多さは、もしかすると、24時間戦っているモーレツサラリーマンに比べれば、たいしたことはないのかもしれません。むしろ、教師の仕事が「たいへんな」理由は、「上司がいないこと」「努力しなくてもクビにならないこと」にあります。さらに、「教える」という立場には強いものがありますから、思いどおりに進まない授業の原因を「教えてもらっている」側の能力不足ややる気のなさに求め、自分では何も工夫していないのにもかかわらず「もっと真面目にやれ」「将来それでは困るよ」と号令をかけるだけで何か十分なことをした気になってしまうとしても不思議はありません。プロとは、絶え間ない努力で**自己研鑽**を重ねる存在であ

るといいます。「教える」ことのプロであり続けることは，本当にたいへんなことですね。

「教える」の2つの意味

　　日本に授業設計という考え方を広めた沼野一男は，「教える」という言葉には2つの使われ方があり，そのどちらの立場に立つかによって，学びを支援する態度が決定的に異なることを教えてくれました。「教える」の2つのとらえ方は，「意図的教育観」と「成功的教育観」と呼ばれています。意図的教育観では，自分は教えようとして努力していることを重視します。教える意図があることをもって，教えると考えます。一方の成功的教育観では，教える行為が成功してるかどうかを重視します。教える行為が成功するとは，教えられている側が，何かをそこから学んでいることを意味します。つまり，学びを支援することができた，といえるかどうかが判断の分かれ目になります。「授業をもう少しマシなものにしよう」という努力は，「教師が教えるという意図を持っているかぎり，それで教えたことになる」という考え方でなく，「たとえ教師がどんなに一生懸命に教えようとする意図を持っていたとしても，実際に生徒がなんらかのことを学ばなければ教師が教えたとはいえない」という成功的教育観に基づいて「教える」ということを考えている人たちによって続けられてきていると沼野は指摘しています。

　一生懸命に努力して，教えようとする意図を持つことはもちろんたいせつなことです。しかし，それだけでは十分でないと考え，「生徒の学びを援助できたかどうか」「生徒の学習は成功したかどうか」が気になるのであれば，それは「成功的教育観」に基づくものだといえます。「生徒の努力が足りない」と嘆く前に，「教え方を工夫してみる」ことを考える人は「成功的教育観」に基づいて「教える」ということをとらえています。たとえ一生懸命やっているつもりでも，説明する声が後ろまで聞こえないのでは「教えている」とはいえない，聞こえたとしても理解できないような説明でも「教えている」とはいえない，「教えようとしている」と実際に「教えている」は同じではない，などの意見に賛成する人は，成功的教育観に立っています。

一度「教える」ことを「成功的教育観」によってとらえ，授業の方法を工夫していこうと決意した場合，何が気になるでしょうか？　それは，「**自分の意図がどの程度成功したのか**」という点でしょう。その疑問に答えるためには，「**自分が生徒にいったい何を学んでほしいと願っているのか（目標）**」を確認すること，「**学びが成功したかどうかを確かめる手段（評価）**」を準備して反省材料を得ること，さらに，「**毎時間の授業の積み重ねがカリキュラム全体のねらいに貢献しているのかどうか（授業の役割）**」をシステム的に検討することが必要となるのです。これらのこと，すなわち成功的教育観にたって「教える」ということを考えるための方法を，独学を支援する教材作りで学んできたわけです。

　教師をめざす人が最初から「教え方などどうでもよい」と思っているとは考えられません。しかし，いわゆる学校現場の「どろくさい」「理想的でない」「きれいごとではすまない」現実の中で教師を続けるうちに，「教え方などどうでもよい」とは思わなくても，「もっと他にやることがある」「教師にたいせつなのは教え方だけではない」「授業より部活で勝負だ」と考えるようにならないとは限りません。教師になりたてのころにいだいていた「理想」を持ち続けることができずに，徐々にマンネリの授業になってしまっている人が現実にいるかどうかは，皆さんの経験から判断できるでしょう。

　教師の仕事には，「これだけやればすべて終わった」と安心できるような「**終わりがない**」のです。やりたいことをすべてやるということも不可能ですから，いくら努力を重ねても，「やりたいことが十分にできない」というジレンマから逃れることは困難です。そんな状況に置かれてもなお授業を工夫する努力を怠らずにいようとする「**成功的教育観**」を持ち続けることは，本当にたいへんなことなのでしょう。しかし，よい授業を求めての努力を持続する鍵は「成功的教育観」を捨てないことだと思います。独学を支援する教材作りで扱ったさまざまな教育方法を考えるための「枠組み」，特に「学習目標のとらえ方」や「成功を確かめ，成功に導く手段としての評価」が，皆さんが教育の現実の荒波にぶつかったときに「成功的教育観」を維持するための力となることを願ってやみません。

これから，ここから

　「教え方を工夫すること」をこれからの課題として，ずっと持ち続けてほしいという願いで，まず取り上げたのが独学を支援する教材を作るということでした。教えるという行為は人と人との双方向のやり取りで進んでいくのが自然ですが，あえて，「自分の思いを伝えるメッセンジャー」として教材を作り，手も口も出さずに間接的に教えるという不自然な形からスタートしました。しかも，学校の授業ではふつう，教師がリーダーシップを発揮してクラスを動かしていく方法が取られているのに，「独学」を支援するという個別学習教材という条件までつけました。

　この章で，情報活用能力を育てることがたいせつだとされていることや，結果を重視する成功的教育観が工夫を続ける鍵になることを学んで，**なぜ「独学」だったのか，なぜ「教材」だったのか**の背景がはっきりしたでしょうか。

　「教える」という行為が学びを支援することであるとすれば，そして成功的教育観に立つとすれば，独学を支援できることが，すべての「教える」という行為の出発点にあります。なぜならば，「学ぶ」とは，たとえクラスに数十人の子どもがいたとしても，その一人ひとりに何か変化が起きることに他ならないからです。一人を教えられない人がクラスにならば教えられる，ということはありえません。一人を教えられなくてもクラスに向かって話ができる，ということはありえますが，話ができることと学びを支援するということとは同じではありません。この意味で，家庭教師の経験を持つことは，とても貴重です。

　独学を支援する教材は，いわば，**この家庭教師の経験を紙の上で実現したようなもの**です。しかも，あらかじめ「こうやって教えよう」と思うことを形のあるものに残したので，自分がどんな計画を持っているかを自分で客観的に見ることを可能にしました。自分の計画を紙の上でながめて，教える立場の自分から一歩離れることで，自分が教えたいことをどのようにとらえたのか，そして教え方の何をどのように工夫することが可能なのかという点についても，よく検討することができたと思います。これはちょうど，人間のことを詳しく知ろうとするときに，コンピュータでモデルを作って人間らしく動くかどうかを実験する研究手法と同じことをやったようなものです。

独学を支援する教材を作ったことについては，自分が直接教える場合にも，もう自信を持って教えられるはずです。教え方がうまくいったかどうかを確かめるためにはどうすればよいかもわかっているはずです。また，他のことを教えようとする場合でも，詳しく計画を立てたいと思ったら何をすればよいかもわかりましたね。あとは，**これから，ここから**ですよ。

復習の3つの方法

　最後に，システム的な教材の設計・開発の手順に従って，一度教材を作ったあとで，本書を使う復習の方法を紹介しておきます。システム的な手順の精神を生かしつつも，ニーズに応じた教材作りを行う手順は，3つ考えられます。各章の最初に登場したチャートが3段階になっているのはそのためでした。

1──教材作り・教材選びから始める

　1つ目は，システム的な教材作りからはたいせつな「計画」をさておき，まず教材を作ること（あるいは選ぶこと）から始めるという方法です。先に作ってみる（選んでみる），そして後で作った（選んだ）ものがよいかどうかを検討するのです。チャートでは，3段目から始めるやり方です。一度手順に沿ってていねいに教材作りをしたのですから，教材を誰に何のために使わせるかということや，そのアイディアを生かすための教材の全体構成なども頭の中で組み立てられるかもしれません。教材を選ぶ場合も，教材を見る目が肥えてきたので，よい教材とわるい教材がよく見分けられるでしょう，きっと。

　システム的な教材作りの手順は，ベテランの先生方がふだんから無意識にやっていることを形式化して，初心者にわかりやすくしたものです。たとえテストをさきに作らなくても，ベテランの先生方の頭の中には，この授業ならこんなテスト，この教材の目標はこれ，という具合に，はっきりとしたイメージがあるのです。だからこそ，授業や教材の自己評価と改善が可能なのです。

2 ── 最小限の計画を立ててから作る

　いきなりの教材作りでは不安ならば，まず「誰が何のために使う教材か」をはっきりさせるために，教材作りに入る前に，テストを作るとよいでしょう。それが，最小限の計画を立ててから教材を作るという復習の2つ目の方法です。

　テストができたら，分析は飛ばして，自分で考えた教材の構成や教え方の作戦をもとに，教材を作ります。テストと教材ができれば，実際に誰かに協力してもらい，教材を試し，改善への資料を得ることができるので，評価に移ります。そこで得られた改善への資料とともに，これまでに蓄えられてきた教材設計のノウハウ（課題分析や指導方略）を参照し，自分で考えた教材の構成や教え方の作戦に理論的な検討を加えます。チャートでいえば，2段目をスキップして1段目から3段目へ進んで，あとで2段目にもどる方法です。

　このやり方は，もうすでに誰かが作った教材を使ってみようとする場合にも使えます。教材がもうできているのですから，あとはテストを作って出入口を明確にするだけで，形成的評価ができます。その結果で何をどう直して使うかを検討すると，すでにある教材をもっと効果的に使うことができるようになるでしょう。

3 ── 計画を十分練ってから教材を作る

　3つ目は，もう一度システム的な教材設計・開発に示す手順どおりに詳細な計画を立ててから教材作りに移る復習方法です。チャートでは，1段目から2段目，そして3段目と段階を追って進むことになります。

　このやり方は，教材作りの初心者が，十分な時間をかけて一歩ずつ，教材作りの基礎をていねいに学んでいくためのものです。これまでに蓄えられた教材作りのノウハウを一つずつ身につけ，それを自分が作る教材に応用することで確かめながら進みます。教材作りのプロセスをフルコースでもう一度ゆったりと味わってください。

　フルコースを最初に経験したときには，教材を直す段階にきて，「このチェックリストを最初から知っていれば，初めからもっといい教材ができたのに」と思ったかもしれません。今度は，その経験を生かして，一度目の失敗を繰り返さないように心がけながら進んでください。何度もやるうちに，しだいに本

書に書いてあるヒントが頭の中に入ってしまうでしょう。そうすれば，システム的な方法が無意識に実行できるようになります。ベテランの領域に少しずつ（しかも早目に）近づくことができるでしょう。

4 ── やってみたい作業だけを復習する

　以上の3つの復習方法のほかに，ある特定部分だけを選択して勉強し直したい場合は，興味のある章だけを選んで復習するのもいいでしょう。

　まず，全体をとおして一度経験をしたのですから，一つずつの作業が，何のために行われるものなのかはわかっていますね。復習のために，忘れた部分だけを読み返すこともあるでしょう。その他にも，いろんな形で本書がこれからも使われていくことを期待しています。システム的な教材作りのノウハウを使い続ける気持ちになる，というのが本書での「態度」の学習目標ですから。

資料

資料1
教材を自作して報告書を作ろう
（課題）

> 本書の内容の理解を深めるために，実際に教材を自作し，報告書という形でまとめてみましょう。作業を段階的に進めるために，3つのステップを設定しました。該当する章を読み終わったら，課題に取り組みましょう。

　本書で学習した内容を駆使して，自分1人で，あるいは2～3人のグループで「教材」をつくりましょう。最終的な結果は，以下のような内容を盛り込んだ「教材作成報告書」としてまとめます。

- **■内容**　（0）報告書作成者名と番号
  - （1）教材のタイトルと内容
  - （2）教材の対象者集団
  - （3）内容選択の理由（教材の4条件に照らして）
  - （4）学習目標と目標の性質
  - （5）事前事後テスト
  - （6）教材利用者の前提条件とそのチェック方法
  - （7）教材開発の経緯（含む形成的評価）
  - （8）改善への提案とその理由
- **■資料**　教材パッケージ（初版）
  - 教材パッケージ（修正版）【任意】
  - 形成的評価に用いたテストなど（解答記入のもの）

ステップ1：教材企画書

　「何かを教えるための材料」を作り始める前に，どんなものを作ろうと考えているのかを「教材企画書」として提出し，承認を得てください。

- **■内容**　教材作成報告書の（1）～（6）と（7）として作成者名と点検者名（書き方は資料2を参照）。

- ■注　相互チェックを受けたものと改訂したものとを2枚セットで提出すること。

ステップ2：教材パッケージ（形成的評価の7つ道具）

　ステップ1で作った「教材企画書」を実現するために教え方を具体化し、「教材」の原案とそれを誰かに試験的にやってもらうための道具を準備します。

- ■内容　教材の原案やテストを含む形成的評価の7つ道具（詳しい内容は、第7章参照。また、資料4には、チェックリストがある）。
- ■注　ステップ1で作成した「教材企画書」を添付すること。

ステップ3：教材作成報告書（資料付き）

　協力者を得て作成した教材の形成的評価を行い、その結果を報告します。「教材作成報告書」では、「教材がどの程度うまく作れたか」を実際に試した結果を報告し、直すとすればどこをどう直すか、それはどうしてかをレポートします。

- ■内容　報告書の (1)～(8)（書き方は資料5・資料6を参照）。
- ■注　形成的評価の結果がわかるように使用した道具すべてを資料として付けること。
　　　 教材を改善した場合は、新旧両方の教材を添付すること。ただし、改善は実際に行わなくても、レポート中に具体的な提案をするだけで課題の最低条件を満たすものとする。

資料2
教材企画書の書き方

> 「何かを教えるための材料」を作り始める前に、どんなものを作ろうと考えているのかを「教材計画」として提出し、許可を得てください。この課題の主旨は、(1) 教材の出口と入口をはっきり決めること (2) 計画が教材の4条件を満たしているかどうかを確認すること (3) 相互チェックを経験すること (4) 無理な計画を事前に食い止めることにあります。

承認願の骨組みと内容は次のとおりです。
(1) 教材のタイトルと内容
何を教えるのかを表すようなタイトルをつけます。どんなことを教えるのかを簡単に説明します。
(2) 教材の対象者集団
どんな人たちを対象に教材を作るのか、教材の使用予定者はどんな人たちかを説明します。ある特定の人一人を使用者として仮定するのではなく、条件さえ満たせばなるべく多くの人たちに使ってもらえるように考えてください。
(3) 内容選択の理由（教材の4条件に照らして）
第1章を参考に、教材の4つの条件一つひとつについて、満たしているかどうかを確認します。どんな点で満たしていると思うのか、心配な点は何かを説明します。
(4) 学習目標と目標の性質
教材を使うことによって、何ができるようになるのかを学習者の立場から説明します。目標がどの学習課題の種類に属するのかを書きます。（第3章参照）
(5) 事前事後テスト
入口と出口で行う学習目標についてのチェックテストの問題を作って、それを用意します。答えも別に用意します。事前テストを行わない予定の場合は、行わない理由を説明します。
(6) 教材利用者の前提条件とそのチェック方法
教材利用資格としてどのような基礎知識／技能を仮定するのかを述べ、それをどのような方法でチェックするのかを書きます。
(7) 報告書作成者名と点検者名
報告書を作った人とそれを相互チェックした人が誰かを書きます。
注：相互チェックを受けたものと改訂したものとを2枚セットで提出すること。
　　B5かA4で表紙をつけないこと。1枚目にも提出者を明記すること。

教材企画書（サンプル）

(1) **タイトル**：日本語入門―日本語の文字「カタカナ」を書く
　　　　　　　外国人に日本語入門としてカタカナを教える
(2) **対象者集団**：日本語についてまったくの初心者の在日外国人（成人）
(3) **選択の理由**：
　1. 自分の母国語であり，よく知っている内容である。しかし，外国人に日本語を教えた経験がないので，その点が不安である。
　2. いきつけのバーにカタコトの日本語しか話せない外国人が働いており，日本語の書き方を教えてもらいたいと言っているので，何人かの協力が得られる予定である。
　3. カタカナを全部覚えるのは1時間では無理なので，50音表を見ながらいくつかの外来語をカタカナで書いてみることを教えたい。これでも1時間では無理かもしれないが，これ以上簡単な内容は思いあたらない。
　4. いつでも取り出せるハンディな50音表をみながら，プリントの指示に従って自分で勉強できるような材料を作りたい。外国人が書いたカタカナがあっているかどうかをどうやって自分で確かめるかが問題となるかもしれない。
(4) **学習目標**
　1. カタカナの50音表を見ながら，カタカナで書く言葉（カメラ，ラジオなどの外来語）を英語から日本語（カタカナ）に直すことができるようになる。（これは，カタカナを覚えるのでなく表を見ながら書くルールを応用するので＜知的技能＞の目標である。）
　2. むずかしい日本語の書き方を今後も勉強してみたいと思うようになる。（せっかくの第1歩なので，もうやりたくないと思われないように，今後も勉強を続けてみようと思う気持ち＜態度＞の目標も意識して教材を作りたい。）
(5) **事前／事後テスト**
　1. 事前テストは，まったくの初心者を相手にするのでカタカナを習ったことがあるかどうかを口頭で質問する。習ったことがない人だけを対象とする。
　2. 事後テストは，次の問題を出す（5問中4問正解で合格；学習目標1に対応）。

> Question: Write the following words in KATAKANA using the Matrix.
> camera → (　　　　)　　radio → (　　　　　　)　　tennis → (　　　　　　)
> juice → (　　　　　)　　orange → (　　　　)

　3. アンケートで続編をやりたいかどうかを尋ねる（目標2に対応）。
　　　　Would you like to continue to Part2?（ぜひとも，はい，わからない，いいえ）
(6) **前提条件**：
　　日本語については，まったくの初心者なので前提行動は何も仮定できない。しかし，日本語をまったく読めないので，説明を英語で書かなければならない。
　　対象者が50音表のようなマトリックスを読めないと困るので，「マトリックスが読めること」を条件とする。これは，対象者を大人に限定すれば，チェックするまでもないと思われる前提行動であるが，念のためカタカナの五十音表以外のマトリックスで，教材をやる前にチェックする。正解者のみを教材に進ませる。

	TARO	HANAKO	What is Taro's score on English?
math	97	57	
English	45	66	

(7) **作成者**　番号（0000000）　　　　氏名（鈴木克明）
　　点検者　番号（9999999）　　　　氏名（井口　巌）

資料3
教材企画書の相互チェック

相互チェックと提出のルール
(1) チェックする人は本書を読んだ人／読んでいる人
　この場で，自分の教材企画書を用意してきた人どうしがペアになってチェックを行う。この場に用意してこなかった人は，提出日までに自分でチェックしてくれる人を探して，チェックを受けること。チェックをする人は，本書を読んだ人／読んでいる人に限る。

(2) コメントは言うだけでなくすべて書き込む
　どれがコメントでどれがオリジナルの文字かが区別できるように工夫して（色つきのペンを使うなど），オリジナルの企画書にコメントを書き込むこと（それがチェックを受けた証拠となる。同時にチェックをした証拠となるので，点検者名を忘れずに記入のこと）。

(3)「コメントつき」と「改訂版」の2つをセットで提出
　コメントをつけられたオリジナルの企画書（コメントつき）と，コメントをもとに書き直した企画書（改訂版）をセットにして提出のこと。改訂版を上にして（ホチキスなどで）まとめて提出すること。

(4) 提出期限
　期日をすぎて無断で放置された企画書は無視されます。期日までに提出できない人は，遅れて提出する旨の許可を期日前に得ること。

相互チェックの進め方
(1) あるべき項目があるか？
　教材企画書の骨組み（資料2参照）を見ながら，(1)から(7)までの項目がすべてそろっているかどうかを確認する。また(2)では，教材の4条件を満たしているかどうかの説明が4条件すべてについて述べられているかどうかを確認する。

(2) 言いたいことが明確か（はっきりと伝わるか）？
　読んでいて何が書いてあるかが不明なものがあったらそれを指摘する。書いてある内容に賛成か反対かではなく，たとえ反対であっても，何を言っているかがわからなければ反対もできないので，まず相手の言おうとしていることを確認する。

(3) 書いてある内容に対する意見，感想

　内容に対して，自分の考えをコメントする。「ここはこうしたほうがいいのではないか」との意見があれば，遠慮せずに書き込む。本当に遠慮はいらない。なぜなら，コメントに対して，それを採用するか，無視するかは書いた本人があとで決めることだから。「なるほどそういう考えもあるな」と冷静に受け止めて，気に入ったらそれを採用し，いやだったら無視すればよい。それはあとで決めればよい。

資料4
7つ道具チェックリスト

＊＊＊＊7つ道具のチェックを始める前に次の項目を記入すること＊＊＊＊
点検日：　　　年　　月　　日
作成者：
点検者：
教材のタイトル：
教材の対象者：
学習目標：
学習目標の種類：（言語情報・知的技能・運動技能・態度）

＊＊次の項目に対して，必要に応じて○をつけて，（　）に記入すること＊＊
1　教材そのもの
形成的評価の協力者に使ってもらうための教材が→ある・ない
◆教材がある場合：
- 教材の形態→1. 印刷物，プリント形式（ページ数は→＿＿＿ページ，手書き・ワープロ）
　　　　　　　2. オーディオテープ（　　本）
　　　　　　　3. ビデオテープ（　　本）
　　　　　　　4. その他（　　　　　　　　　　　　　　　　　　　　　　　　　　　　）
- 予定した教材の「部品」が→全部そろっている・尻切れとんぼ・一部分しかない
- 教材の仕上がり具合は→走り書きの状態・気軽に直せる状態・コメントをつけづらい完成状態

◇教材がない場合：
- ない理由は→これから用意する・必要ない（どうして？　　　　　　　　　　　　　　）

2　前提テスト
教材の対象者としての前提条件を満たしているかどうかをチェックするための前提テストが→ある・ない
◆前提テストがある場合：
- テストは→1. 筆記テスト（問題数は→＿＿＿問，問題の形式は→○×，選択式，記入式，その他　　）
　　　　　　2. 実技テスト（チェックリストは　ある（項目数→＿＿＿）・ない）
　　　　　　3. 口頭での質問（その質問で本当にできるかどうかが→十分確認できる・疑問あり）
　　　　　　4. その他のテスト（どんな？→　　　　　　　　　　　　　　　　　　　　　）
- 合格基準→不明・明示（どんな？→　　　　　　　　　　　　　　　　　　　　　　　　）
- 前提テストに不合格の人の扱いは→断る・補習教材あり・作成者が直接教える・不明・その他（　　）

◇前提テストがない場合：
- ない理由は→これから用意する・必要ない（どうして？　　　　　　　　　　　　　　）

3　事前テスト
教材をやる前からすでに学習目標に到達しているかどうかをチェックするための事前テストが→ある・ない
◆事前テストがある場合：
- テストは→1. 筆記テスト（問題数は→＿＿＿問，問題の形式は→○×，選択式，記入式，その他　　）
　　　　　　2. 実技テスト（チェックリストは　ある（項目数→＿＿＿）・ない）
　　　　　　3. 口頭での質問（その質問で本当にできないことが→十分確認できる・疑問あり）

　　　　　　4．その他のテスト（どんな？→　　　　　　　　　　　　　　　　　）
　●合格基準→不明・明示（どんな？→　　　　　　　　　　　　　　　　　　　）
　●事後テストと同じレベルの問題と→はっきりいえる・疑問あり・事後テストよりやさしい
　●事前テストに合格の人の扱いは→断る・とにかくやってもらう・不明・その他（　　　）
◇事前テストがない場合：
　●ない理由は→これから用意する・必要ない（どうして？　　　　　　　　　　）

4　事後テスト

　●目標達成度をチェックするための事後テストが→ある・ない
◆事後テストがある場合：
　●テストは→1．筆記テスト（問題数は→＿＿問，問題の形式は→○×，選択式，記入式，その他　）
　　　　　　2．実技テスト（チェックリストは　ある（項目数→＿＿）・ない）
　　　　　　3．口頭での質問（その質問で本当にできないことが→十分確認できる・疑問あり）
　　　　　　4．その他のテスト（どんな？→　　　　　　　　　　　　　　　　　）
　●合格基準→不明・明示（どんな？→　　　　　　　　　　　　　　　　　　　）
　●教材の内容や目標を直接テストしている問題と→はっきりいえる・疑問あり・教えていないことが含まれる
◇事後テストがない場合：
　●ない理由は→これから用意する・必要ない（どうして？　　　　　　　　　　）

5　アンケート用紙または質問項目

協力者の意見を聞くためのアンケート用紙または面接での質問項目が→ある・ない
◆どちらかがある場合：質問項目の数は→＿＿コ
◇どちらもがない場合：ない理由は→これから用意する・必要ない（どうして？　　　　）

6　観察プラン

学習者の進み具合を見守って，予想どおりに学習が進んでいるかをチェックするためのメモが→ある・ない
◆メモがある場合：
　　●チェックポイントの数は→＿＿コ
　　●チェックポイント設定の理由は→1．どうやろうかを迷った箇所（　　か所）
　　　　　　　　　　　　　　　　　2．これでうまくいくか不安だった箇所（　　か所）
　　　　　　　　　　　　　　　　　3．教材の山場（　　か所）
◇メモがない場合：
　　●ない理由は→これから用意する・必要ない（どうして？　　　　　　　　　　）

7　経過時間記録用紙

予想どおりの学習時間で進んでいるかどうかを記録する用紙が→ある・ない
◆記録用紙がある場合：
　　●記録するポイントの数は→＿＿コ
　　●記録しているものは→前提テスト・事前テスト・教材実行時間・事後テスト・アンケートまたは面談
◇記録用紙がない場合：
　　●ない理由は→これから用意する・必要ない（どうして？　　　　　　　　　　）

総合判断

点検した7つ道具は全体としてどのような状態でしたか？
　　1．すぐに形成的評価を実施できる状態
　　2．もう少しの手なおし／追加で形成的評価を実施できる状態
　　3．形成的評価を行うまでにはまだ時間がかかる状態
　　4．ほとんど準備ができていない状態

その他の点検者のコメント

資料5
教材作成報告書の書き方

> 教材企画書の（1）〜（6）に続いて，以下の（7）と（8）を準備する。
> （1）〜（6）の「教材企画書」（2枚一組）を添付すること。添付資料：
> 形成的評価の協力者が実際に使用した「形成的評価の7つ道具」を添付
> すること。

(7) 形成的評価でわかったこと

教材を含む「7つ道具」を実際に作り，協力者にその教材を使って学習してもらう形成的評価を行った経緯とその結果わかったことをレポートする。大きく次の2つの項目に分けて書くこと。

(7-1) 教材の作成
ア．どのような特徴の教材を作成したのかを説明する。教材の山場がどこにあるのか，どうやろうかを迷った箇所，これでうまくいくか不安だった箇所などがあった場合，どのような点を工夫したのかも述べる。

イ．自分が考えていたことと実際の教材とを比較して，計画どおりに実現できたこと，実現できなかったことが何かについて説明する。

ウ．形成的評価に向けて準備した教材，テスト，アンケートなどの「7つ道具」をリストして，報告書にすべて添付する。

(7-2) 1対1評価の実施
ア．協力者，実施の手順，実施結果の3点をレポートする。

イ．協力者について，その人を協力者に選んだ理由と教材の対象者としての条件をどの程度満たしていたか前提・事前テストの結果を参考に説明する。

ウ．実施の手順について，1対1評価をいつ，どこで，どのように行ったか（まず何をやって次に何をやって，…）を説明する。

エ．形成的評価の進行状況を報告し（特に手や口を何回出してしまったか，出さなかったらどうなっていたのかについての予想），教材が今の状態で「独り立ち」できているか，何を加えれば「独り立ち」できそうかついて述べる。

オ．実施結果について，事後テストやアンケート（またはインタビュー）の結果を報告し，それをふまえて教材がどの程度うまく作れたのかを自己評価する。

カ．複数の協力者に評価を依頼した場合は，以上のことを1人ずつ分けて書く。

(8) 教材改善への提案とその理由

1対1評価をやった段階では，教材はまだまだ完成品にはほど遠いのがふつうであるので，この次の段階の形成的評価を行う前に，どのような「改善」を行ったらよいかについて，いくつかの項目にまとめて報告する。その際，どのような理由でどこをどう直すことがよいと思うかについても具体的な提案を述べること。

教材改善への提案とその理由は，次の4項目に大きく分類してレポートする。

(8-1) 出入口の明確化について（テストの妥当性，信頼性は？）
(8-2) 教材の構造について（教材の区切りは？…課題分析図を用いて）
(8-3) 指導方略について（導入は？ 説明は？ 練習は？…指導方略表を用いて）
(8-4)「独り立ち」について（指示は？ セルフチェックは？ 動機づけは？）

報告書を用意するために，資料6「教材改善のためのチェックリスト」を参考にすること。

資料6
教材改善のためのチェックリスト

■チェックリストの使い方■

1. チェック項目ごとに，次の3つのうちの1つに○をつける。自分の教材ではこの点はクリアーしている，問題なしと思えば，OK（問題なし）。自分の教材にはこの点は当てはまらない，関係がないと思えば，NA（Not Applicable；関係なし）。そう言われるとつらい，自分の教材ではもしかするとこの点はクリアーできていないかもしれない，直す必要があるかもしれないと思えば，NG（No Good；問題あり）。
2. チェックしながら，教材をどう直すのがよいかを考え，思いついたことをメモしていく。そのメモをまとめて，教材改善の方向を考える。改善点の優先順位をつける。どの点は今回直して，どの点は直したいけれどそのままにするか，あるいは改善すれば必ずよくなる点はどれで，直す前にもう一度確かめる必要がある点はどれかなどを検討する。それを，報告書の材料にする。

OK（問題なし），NA（Not Applicable；関係なし），NG（No Good；問題あり）
(1) 出入口の明確化について
①使用した全部のテストについてそれぞれチェックする項目
- OK・NA・NG　筆記式テストのほかの形式（選択，穴埋め，記述式）のほうがよくなかったか
- OK・NA・NG　筆記式以外のテストが必要なかったか（特に運動技能の場合）
- OK・NA・NG　できなくても／知らなくても答えられてしまわないか
- OK・NA・NG　答えやヒントは見せないでテストを受けさせたか
- OK・NA・NG　偶然正解する可能性は高くなかったか
- OK・NA・NG　項目数は必要かつ十分であったか

OK・NA・NG 回答時間が短い場合，もう少し項目数を増やしたほうがよくないか
OK・NA・NG あらかじめ設定した合格基準（チェックポイント）は十分使えたか

②前提テストについての項目

OK・NA・NG 資格の不十分な人と十分な人を判別できたか
OK・NA・NG 口頭で質問しただけだった場合，実際にやらせる必要はなかったか
OK・NA・NG 前提とした資格は教材を進めるうえで本当に必要だったか
OK・NA・NG 前提テストの項目以外に教材を進めるうえで不可欠な前提資格はなかったか

③事前テストについての項目

OK・NA・NG 事前テストを実施しなかった場合，本当にやらなくてよかったのか
OK・NA・NG 教材をやる必要のない人と必要のある人を判別できたか
OK・NA・NG 事前テスト合格者は教材の目標をマスターした人だと自信を持っていえるか
OK・NA・NG 事後テストと同じレベル，同じ内容の問題であったか

④事後テストについての項目

OK・NA・NG 目標をマスターできたかどうかがテストの結果から判断できたか
OK・NA・NG 目標を直接反映した問題だったか
OK・NA・NG 目標とした全部の領域をカバーするいろいろな問題を出していたか
OK・NA・NG 引っ掛け問題はなかったか
OK・NA・NG 教えてないことをテストしなかったか
OK・NA・NG 練習の機会もなしにぶっつけ本番でテストしなかったか
OK・NA・NG 練習のときの条件とテストのときの条件は同じだったか

(2) 教材の構造について（課題分析）

OK・NA・NG 教材の導入に教材の使い方の説明があったか
OK・NA・NG 教材の導入に学習目標の説明があったか
OK・NA・NG 教材の導入に前提条件の確認があったか
OK・NA・NG 一度にあまり多くのこと（10以上）を教えようとしていないか
OK・NA・NG 途中で飽きてしまうメリハリのない教材ではなかったか
OK・NA・NG 上の2つの理由から，チャンクの数は適切だったか
OK・NA・NG 教材を区切った場合，教材全体の見取り図は示されていたか
OK・NA・NG 教材を区切った場合，区切った場所は適切であったか
OK・NA・NG 教材を区切った場合，区切り毎に説明と練習があったか
OK・NA・NG 教材を区切った場合，学習順序の指定は適切／必要だったか

OK・NA・NG　教材を区切った場合，最後に総合的なまとめと確認があったか

(3) 指導方略について
①導入の方法
ア．動機づけ
　OK・NA・NG　教材の導入部分で，教材使用者が「やる気」になる工夫をしたか
　OK・NA・NG　初めから終わりまで興味を持続させるための作戦があったか
イ．学習目標
　OK・NA・NG　教材の目標を導入時に知らせてそれをめざさせようとしたか
　OK・NA・NG　教材利用者は何をめざしたらよいのかわかってやっていたか
ウ．前提条件
　OK・NA・NG　教材利用資格が何かを確認し，自信を持たせる工夫をしたか

②情報提示
ア．提示の形態
　OK・NA・NG　何についての情報を提示するのかを明らかにしてから提示したか（タイトル，見出しなど）
　OK・NA・NG　はっきりと提示できたか／混乱や誤解を招く説明でなかったか
　OK・NA・NG　文字情報を整理するために図や表を使うことを検討したか
　OK・NA・NG　文字以外のイラスト，写真，音声，音楽は効果的だったか
イ．情報の整理
　OK・NA・NG　すでに知っていることと関係づけながら新しい情報を提示したか
　OK・NA・NG　どれがエッセンスでどれが応用的事項かがわかる工夫があったか
　OK・NA・NG　わかりやすい例を使ったか／かえって混乱させなかったか
　OK・NA・NG　いろいろな例を使ったか／例が少なすぎなかったか
　OK・NA・NG　似ているもので違うものと比較して特徴を際だたせたか
　OK・NA・NG　やさしい／単純な／基礎的な例から複雑な／高度な例に進んだか
ウ．身につけるためのアドバイス
　OK・NA・NG　覚え方／使い方／身につけ方のヒント（作戦）を教えたか？
　OK・NA・NG　なぜそうなるのか／なぜそのやり方がよいのかの理由を説明したか？
　OK・NA・NG　なるほどそういうことかと納得するような説明をしたか？

③学習活動
ア．練習の機会
　OK・NA・NG　事後テストの前に練習してみるチャンス（問題／指示）を与えたか

- OK・NA・NG　事後テストと同じレベル（難易度／回答方法）で練習させたか
- OK・NA・NG　答え／見本を見ながらでなく自分で答えを思い出す練習だったか
- OK・NA・NG　答えがすぐ見えてしまう所になかったか（本当の練習だったか）
- OK・NA・NG　どんな練習をどのくらいの量やったらよいかはっきりと指示したか
- OK・NA・NG　教材の最後に総まとめの練習／学習事項の確認が用意されていたか

イ．出来具合に応じたアドバイス
- OK・NA・NG　苦手なところ／覚えられないところに集中して練習する工夫があったか
- OK・NA・NG　実力がどの程度ついたか自分でわかる工夫（自己採点）があったか
- OK・NA・NG　よくある勘違い／ミスを予想して，その対策を答え合わせに盛り込んだか
- OK・NA・NG　自分の弱点を見つけそれを補強していくように練習を組み立てたか

　　※教材に区切りがある場合，区切りごとに情報提示と学習活動をセットで計画し，セットで1区切り（チャンク）とする。どんな情報をどんな例をともなって提示し，どんな練習をどんなアドバイスと一緒にさせるかを表にした「指導方略表」を使って，指導方略を整理するとよい。

(4)「独り立ち」について

- OK・NA・NG　教材の進め方について「何をどうすればいいのか」の指示が十分あったか
- OK・NA・NG　教材を黙って渡しても，それでどうすればよいかの説明はあるか
- OK・NA・NG　教材の途中で使用者がウロウロとまどってしまうことはなかったか
- OK・NA・NG　学び方のヒントは十分提供されていたか
- OK・NA・NG　練習のやり方は十分説明されていたか
- OK・NA・NG　答え合わせの方法は十分説明されていたか
- OK・NA・NG　使用者が自分の出来具合を確認しながら次へ進めたか
- OK・NA・NG　マスターするまで十分な練習のチャンスは与えられていたか
- OK・NA・NG　合格基準を使用者が意識しながら練習する量を決定できたか
- OK・NA・NG　いつテストを受けるか使用者が決定できたか

資料7
教材改善に役立つ
ケラーのARCSモデル
～学びへの意欲を4つに分けて考える～

　アメリカの教育工学者ジョン・M・ケラー（John M. Keller）が提唱している「ARCS動機づけモデル」を紹介します。このモデルは，学習への意欲に関するさまざまな分野での研究成果をまとめたもので，「やる気」がどこからくるのか，どうしたら「やる気」を引き出すことができるのかを考えるための枠組みとして便利です。ケラー教授は，この学習意欲の研究が認められて，筆者が留学中にフロリダ州立大学にスカウトされてきた，現在活躍中の研究者です。何度も来日し，筆者とは家族ぐるみのおつきあいをさせてもらっています。まだ「知る人ぞ知る」ケラー教授のARCSモデルについて，機会あるたびに宣伝して回っていますが，とてもわかりやすく便利なモデルだと評判は上々です。

　ケラー教授が求めたものは，「授業や教材を魅力あるものにするためのアイディアを整理するしくみ」でした。いろいろ調べていくと，学習意欲を高める手立てを4つの側面に分けて考えるのが便利だという結論に達しました。その4つの側面とは，注意（Attention），関連性（Relevance），自信（Confidence），満足感（Satisfaction）で，その頭文字をとってARCSモデル（アークスモデルと読みます）と名づけました（下図）。「やる気を出させるためにはどうしたらよいか」「勉強する意欲を持たせるためにはどうしたらよいか」とただ漠然と考えるより，「なぜやる気がでないのか」を4つの側面からチェックして，それに応じた作戦を立てると効果的ではないかという発想でした。

満足感（Satisfaction）
　　　　やってよかったな
自信（Confidence）
　　　　やればできそうだな
関連性（Relevance）
　　　　やりがいがありそうだな
注意（Attention）
　　　　おもしろそうだな

図　ARCSモデルの4要因

資料8には，ARCSモデルの4側面の枠組みを使って，教材作りにおいての学習意欲を高める作戦を整理したヒント集をまとめておきました。ARCSのそれぞれを3つのカテゴリーに分けて，教材をもっと魅力的にするための作戦がリストされています。資料8に示してある作戦の他にも，人が何かを学ぼうとする意欲のもとになるものがたくさんあると思います。しかし，よく考えてみると，その他の作戦も，＜注意＞＜関連性＞＜自信＞＜満足感＞の4つのどれかにあてはまることが多いようです。ヒント集にでていること以外の作戦や「やる気」を出させるための工夫も4側面に整理していきながら，自分独自のものに仕上げていくとよいでしょう。

　ケラーが提唱しているARCSモデルにしたがって学習意欲を4つの側面から眺めてみると，「学びへの意欲を育てる」と一口に言っても，いろいろな観点，いろいろな方法があることがわかります。自分自身が学んだ経験に照らし合わせたり，とくに好きだった授業を思い浮かべたりすると，そういえばあんなことが原因で夢中になって勉強していたな，といった思い出がよみがえってきませんか。好きだった授業にはARCSモデルの4つの側面がとてもよく満たされていた，と感じられるかもしれません。あなたの作っている教材の魅力を高めるために，どんな工夫ができるかをいろいろな観点から考えてみてください。

ARCSモデルについてさらに学習を深めたいと思う方には，次の文献をおすすめします。

■鈴木克明(1994)「8章　メディア教育への動機づけ」子安増生・山田冨美雄 編著『ニューメディア時代の子どもたち―テレビ・テレビゲーム・コンピュータとのつきあい方―』有斐閣教育選書，176-196．
　　情報活用能力の育成につながる学習意欲の高め方について，ARCSモデルを使って説明している入門的な解説です。

■鈴木克明(1995)「『魅力ある教材』設計・開発の枠組みについて―ARCS動機づけモデルを中心に―」『教育メディア研究』1 (1) 50-61．
　　ARCSモデルによる動機づけデザイン研究の方向性をまとめた学術論文。ARCSモデルの背景にある学習意欲についての考え方を紹介し，今後の研究として，教材や学習環境の特性を分析すること，ARCSモデルを適用して授業や教材を設計すること，学習意欲を高める指導方略の実態を把握して整理すること，学習意欲の評価方法を確立すること，そして，学習技能としての学習意欲の育成に応用することを提案しています。

■Keller, J. M. & Suzuki, K. (1988). Use of the ARCS motivation model in courseware design. In D. H. Jonassen (Ed.), *Instructional designs for microcomputer courseware*. Lawrence Erlbaum Associates, USA, Chapter 16.
　　ARCSモデルをコンピュータ教材の設計に応用するノウハウを解説した論文。鈴木による日本語試訳が，以下にあります。
　　http://www.iwate-pu.ac.jp/home/ksuzuki/resume/books/1987.html

資料8
教材の魅力を高める作戦
ARCSモデルに基づくヒント集

注意（Attention）＜面白そうだなあ＞

■目をパッチリ開けさせる：A-1：知覚的喚起（Perceptual Arousal）
教材を手にしたときに，楽しそうな，使ってみたいと思えるようなものにする
オープニングにひと工夫し，注意を引く（表紙のイラスト，タイトルのネーミングなど）
教材の内容と無関係なイラストなどで注意をそらすことは避ける

■好奇心をたいせつにする：A-2：探求心の喚起（Inquiry Arousal）
教材の内容が一目でわかるような表紙を工夫する
なぜだろう，どうしてそうなるのという素朴な疑問を投げかける
いままでに習ったことや思っていたこととの矛盾，先入観を鋭く指摘する
謎をかけて，それを解き明かすように教材を進めていく
エピソードなどを混ぜて，教材の内容が奥深いことを知らせる

■マンネリを避ける：A-3：変化性（Variability）
教材の全体構造がわかる見取り図，メニュー，目次をつける
1つのセクションを短めに押さえ，「説明を読むだけ」の時間を極力短くする
説明を長く続けずに，確認問題，練習，要点のまとめなどの変化を持たせる
飽きる前にブレークタイムをいれて，気分転換をはかる（ここでちょっと一息…）
ダラダラやらずに学習時間を区切って始める（学習の目安になる所要時間を設定しておく）

関連性（Relevance）＜やりがいがありそうだなあ＞

■自分の味付けにさせる：R-1：親しみやすさ（Familiarity）
対象者が関心のある，あるいは得意な分野から例を取り上げる
身近な例やイラストなどで，具体性を高める
説明を自分なりの言葉で（つまりどういうことか）まとめて書き込むコーナーを作る
いままでに勉強したことや前提技能と教材の内容がどうつながるかを説明する
新しく習うことに対して，それは○○のようなものという比喩や「たとえ話」を使う

■目標に向かわせる：R-2：目的指向性（Goal Orientation）
与えられた課題を受け身にこなすのでなく自分のものとして積極的に取り組めるようにする
教材のゴールを達成することのメリット（有用性や意義）を強調する
教材で学んだ成果がどこで生かせるのか，この教材はどこへの第一歩なのかを説明する
チャレンジ精神をくすぐるような課題設定を工夫する（全部覚えられたかチェックしよう！）

■プロセスを楽しませる：R-3：動機との一致（Motive Matching）
自分の得意な，やりやすい方法でやれるように選択の幅を設ける
アドバイスやヒントは，見たい人だけが見られるように書く位置に気をつける
自分のペースで勉強を楽しみながら進められるようにし，その点を強調する
勉強すること自体を楽しめる工夫を盛り込む（例えば，ゲーム的な要素を入れる）

自信(Confidence)＜やればできそうだなあ＞

■ゴールインテープをはる：C-1：学習要求（Learning Requirement）
本題に入る前にあらかじめゴールを明示し，どこに向かって努力するのかを意識させる
何ができたらゴールインとするかをはっきり具体的に示す（テストの予告：条件や基準など）
対象者が現在できることとできないことを明らかにし，ゴールとのギャップを確かめる
目標を「高すぎないけど低すぎない」「がんばればできそうな」ものにする
中間の目標をたくさん作って，「どこまでできたか」を頻繁にチェックして見とおしを持つ
ある程度自信がついてきたら，少し背伸びをした，やさしすぎない目標にチャレンジさせる

■一歩ずつ確かめて進ませる：C-2：成功の機会（Success Opportunities）
他人との比較ではなく，過去の自分との比較で進歩を確かめられるようにする
「失敗は成功の母」失敗しても大丈夫な，恥をかかない練習の機会をつくる
「千里の道も一歩から」やさしいものからむずかしいものへ，着実に小さい成功を積み重ねさせる
セクション（チャンク）ごとに確認問題を設け，出来具合を自分で確かめながら進ませる
できた項目とできなかった項目を区別するチェック欄を設け，徐々にチェックを減らす
最後にまとめの練習を設け，総仕上げにする

■自分でコントロールさせる：C-3：コントロールの個人化（Personal Control）
「幸運のためでなく自分が努力したから成功した」といえるような教材にする
不正解には，対象者を責めたり，「やってもむだだ」と思わせるようなコメントは避ける
失敗したらやり方のどこがわるかったかを自分で判断できるようなチェックリストを用意する
練習は，いつ終わりにするのかを自分で決めさせ，納得がいくまで繰り返せるようにする
身につけ方のアドバイスを与え，それを参考にしても自分独自のやり方でもよいことを告げる
自分の得意なことや苦手だったが克服したことを思い出させて，やり方を工夫させる

満足感(Satisfaction)＜やってよかったなあ＞

■むだに終わらせない：S-1：自然な結果（Natural Consequences）
努力の結果がどうだったかを，目標に基づいてすぐにチェックできるようにする
一度身につけたことを使う／生かすチャンスを与える
応用問題などに挑戦させ，努力の成果を確かめ，それを味わう機会をつくる
本当に身についたかどうかを確かめるため，誰かに教えてみてはどうかと提案する

■ほめて認める：S-2：肯定的な結果（Positive Consequences）
困難を克服して目標に到達した対象者にプレゼントを与える（おめでとう！，認定証）
教材でマスターした知識や技能の利用価値や重要性をもう一度強調する
できてあたりまえと思わず，できた自分に誇りをもち，素直に喜べるようなコメントをつける

■裏切らない：S-3：公平さ（Equity）
目標，練習問題，テストの整合性を高め，終始一貫性を保つ
練習とテストとで，条件や基準を揃える
テストに引っ掛け問題を出さない（練習していないレベルの問題や目標以外の問題）
えこひいき感がないように，採点者の主観で合否を左右しない

資料9

講義シラバス例
（「教育方法」：半期2単位）

テーマ
教え方をよりよくするためにはどうしたらよいか？

内容
　教職専門科目として，平成2年度入学生より必修として新設されたもので，現代的な教育の方法や技術について扱う。学校でも学校以外でも使える方法論をめざし，何かを教える方法をどのように計画し，材料をどのように準備し，成功したかどうかをどのように確かめることができるかを体験的に学ぶ。
　講義だけでなく，コンピュータを用いた学習体験や「何かを教える材料」を計画・開発・評価するプロジェクトを取り入れる予定。

講義をうけるための条件
　教職課程履修中の2年生以上であること（履修規定による）。
　学部学科ごとに指定された時間に受けること。

講義のめざすもの（学習目標）
　1．授業設計のシステム的アプローチ（教えるための準備と自己評価の手順）を，自分で選択した領域での個別学習教材の自作プロジェクトに適用できるようになる。
　2．「ひとり歩きできる」教材の自作体験（目標1）をとおして，他の形態の指導にもシステム的アプローチを応用してみようという気持ちになる。

講義の進め方について
　この講義の核になる部分は，半期の間に受講生一人ひとりが「何かを教えるための材料（教材）」を自作し，その教材作成についての報告書を作ること（詳しくは別紙参照）。したがって，毎回の講義の時間には，講義に出ることによって毎週少しずつ段階的に教材が作れるように，おもに次の2つのことを行う。
　1．システム的アプローチに基づいて教材を作るための方法を講義する。
　2．受講生どうしでグループを作り，お互いの作業をチェックする。

評価方法について
　この講義の評価点は，次の得点の累積によって求める。（上限は100点）。
　1．課題1：小試験の得点（25点満点×3回：平均20点以上で，60点を与える）

2．課題2：自作した教材とその作成報告書（50点満点で採点）
3．その他：講義中に課せられる作業への参加度（相互チェックなど）
　　注：1については，再試験のチャンスを用意する。2については，3人までのグループ作品も認める（同じ点数とする）。学年末の定期試験は実施しない。

暫定スケジュール（一例です。時間は1時間目の場合）

月日（回）	講義時間に聞く話とやる作業	／講義のあとにやること
（1）	講義概要／キャロルの時間モデル	／第1章の練習問題
（2）	教材作成の手順／キャランドラのたとえ話	／何を作るか決定
（3）	自作教材のアイデア交換	／試験1の準備
（4）	試験1（第3.4章）と解説／企画書の書き方	／企画書の作成
（5）	8:30再試験1／9:00企画書の相互チェック	／企画書の仕上げ
（6）	企画書提出／教材を構想する	／試験2の準備
（7）	試験2（第5.6.7章）と解説／7つ道具	／7つ道具の準備
（8）	8:30再試験2／9:00独学を支援する作戦	／7つ道具の準備
（9）	7つ道具の相互チェック	／7つ道具の仕上げ
（10）	7つ道具点検表提出／形成的評価の実施	／試験3の準備
（11）	試験3（第8.9章）と解説／報告書の書き方	／形成的評価の実施
（12）	8:30再試験3／9:00教材の改善	／教材の改善
（13）	学習意欲を高める作戦	／報告書の作成
（14）	半期をふり返って～学校の未来	／報告書の作成
（15）	報告書提出（鈴木研究室前ボックス）	／祝杯をあげる!!

教育工学実習室および準備室について

　この講義の受講生が講義に関連したコンピュータ教材を使って自習するために（あるいはコンピュータにさわってみたい人のために），教育工学実習室を開放する。教育工学実習室は4号館4階にあり，コンピュータが40台設置されている。まったくの未経験者でも，最低1回は利用してみること。
　また，教育工学実習室の向かい側にある準備室には，教材のサンプルや教材の作成に必要な材料や器具があり，教材作成の相談に応じている。
　興味のある受講生は，積極的に利用して機器や道具に触れてみることを奨励する。

オフィスアワーについて

　受講生が担当教員とコンタクトを取りたい場合（質問など）には，講義前後を利用のこと。メールでもよい。その場で話をするか，都合が悪い場合には会う時間を予約することになる。オフィスアワー（研究室に在室する時間）は表のとおり（省略）。

資料10
企業などにおける研修計画例
（大学における集中講義を含む）

科目名：ID入門講座
プリント教材を例に，教材設計・開発・評価の基礎を実習する

内容
　任意の教育内容について，それを教える方法をどのように計画し，材料をどのように準備し，成功したかどうかをどのように確かめることができるかを体験的に学ぶ。座学の一斉研修のみでなく，個別学習用テキストによる独学，小テストによる理解度確認，グループまたは個人でプリント教材を計画・開発・評価するプロジェクトを取り入れる。

研修を受けるための条件
　企業などの教育部門の新人研修レベルなので，経験などの必要はない。現在または将来に担当する具体的な研修科目があり，受講者の研修終了レベルまで達していることが望ましい。

研修の学習目標
1. インストラクショナルデザイン（ID：教材設計のシステム的アプローチ）の手順と基本的なコンセプトを説明できるようになる。
2. IDを応用して，自分で選択した領域での個別学習用のプリント教材が自作できるようになる。
3. プリント教材の自作体験をとおして，一斉指導やe-learningなどの他の形態にもIDを応用してみようという気持ちになる。

研修の進め方について
　研修は（1）企画の立案，（2）教材パッケージの制作，（3）教材の試用と改善，の3フェーズで実施する。各フェーズでは，まずテキスト内容を独学または講義で理解させ，定着度を試験で確認する。そののち，実習（個別またはグループ作業）に入り，実習の成果を点検し，アドバイスする。

予習を義務づけることが可能な場合，テキストを事前に配布し，一通り読んで来させる方法を推奨する。さらに可能であれば，練習問題を解かせておき，そのレポートを持参させることができれば，研修がよりスムーズに進行できる。

評価方法について

この研修の修了認定は，次によって行う。
1. 小テスト3つにすべて合格すること（25点満点で20点以上）。
2. プリント教材作成についての，企画書，教材パッケージ，作成報告書のすべてが提出され，合格レベルであること。
3. その他：研修中に課せられる相互評価作業に貢献すること。
   注：1については，再試験のチャンスを用意する。2については，3人までのグループ提出も認める場合がある。

研修スケジュール

（3日間研修；ただし，テキストの予習を課す場合）

（日・時）	研修内容	研修形態
（初日・1）	試験1（第3.4章）と解説／企画書の書き方	試験・講義
（初日・2）	グループ作りと自作教材のアイデア交換	グループ
（初日・3）	再試験1／企画書（テスト含む）作成	グループ
（初日・4）	企画書作成／相互チェック	グループ
（初日・5）	企画書点検，修正，提出／試験2の準備	グループ・独学
（2日目・1）	試験2（第5.6.7章）と解説／7つ道具作り	試験・講義
（2日目・2）	教材パッケージ作成	グループ
（2日目・3）	再試験2／教材パッケージ作成	グループ
（2日目・4）	教材パッケージ作成／相互チェック	グループ
（2日目・5）	教材パッケージ点検，修正，提出／試験3の準備	グループ・独学
（3日目・1）	試験3（第8.9章）と解説／報告書の書き方	試験・講義
（3日目・2）	形成的評価の実施と報告書作成	グループ
（3日目・3）	再試験3／形成的評価の実施と報告書作成	グループ
（3日目・4）	形成的評価の実施と報告書作成	グループ
（3日目・5）	報告書点検，修正，提出／祝杯の準備	グループ・全員

注釈：4日間で行う場合には，初日（上の表では初日の前日）の午後をテキスト内容の自学自習と模擬試験にあて，最終日午前（上の表では3日目の翌日）を研修成果のプレゼンテーションとふり返りにあてるのがよい。また，可能な場合は，研修日を互いに離して設定する（1週間に1度など）のも効果的である。

参考文献

■赤堀侃司（編）(1997)『ケーススタディ大学授業の技法』有斐閣
　このテキストを使った「教育方法」の教育実践が紹介されている本。その他にも，20余名の大学教員によるさまざまな授業実践の工夫が満載されている。

■池田　央 (1992)『テストの科学』日本文化科学社
　日本における教育評価研究の第一人者がテスト作りのイロハを解説する本。キャランドラのたとえ話はこの本からの引用。

■鈴木克明 (1996)「独学を支援する教材設計とは」『視聴覚教育』1996年2月号（第50巻2号），6-9.
　本書を使っての取り組みを紹介した雑誌記事。

■鈴木克明 (1995)『放送利用からの授業デザイナー入門』日本放送教育協会
　キャロルの学校学習モデル（1章），ガニェの9教授事象（2章）と学習成果の分類（3章），ケラーのARCSモデル（5・6章），ブランソンの情報技術型学校モデル（9章），沼野の成功的教育観（11章）などをカバーしている授業設計入門書。おもに小・中学校で学校放送番組を利用している先生を念頭に授業設計論を解説したものであるが，どのメディアを使う場合にも参考になる。

■鈴木克明 (1994)「やる気を育てるプリント教材はここが違う（解説）」『NEW教育とマイコン』1994年8月号 44-49.
　たかがプリント教材，されどプリント教材をテーマに，コンピュータ時代でも教材作成の基礎は紙の教材を作ることで学べることを述べた雑誌記事。

■鈴木克明 (1987)「CAI教材の設計開発における形成的評価の技法について」『視聴覚教育研究』17, 1-15.
　ディックとケリーの教材開発モデルを紹介し，その中でも最も重要な形成的評価のさまざまな方法をコンピュータ教材（CAI）の作成に焦点を当てて述べた論文。第9章の練習問題で使ったDebert (1977) の紹介もある。

■Dick, W. & Carey, L. (1978) *The systematic design of instruction.* Scott, Foresman and Company

Dick, W., Carey, L., & Carey, J. O. (2001) *The systematic design of instruction* (5th Ed.). Addison-Wesley.（最新版）角　行之（監訳）角　行之・多田宣子・石井千恵子（訳）2004　はじめてのインストラクショナルデザイン：米国流標準指導法Dick & Careyモデル　ピアソン・エデュケーション〈本書は原著の第5版（2001）の翻訳〉

　　本書執筆で最も多く示唆を受けたIDを教えるアメリカの教科書。1978年版を使って鈴木が大学院生のときにカタカナを教える教材を作った。

■アルビン・トフラー（1980）『第三の波』中公文庫

　　隠れたカリキュラムをはじめとして，学校が第2の波（工業化）の産物であることを指摘した箇所は必読。第3の波（情報化）の時代に求められる人材像や会社での仕事の変貌など，現実になりつつある世の中の変化を読むことができる。

■沼野一男・平沢　茂（編著）（1989）『教育の方法・技術』学文社

　　一問一答式で授業設計の基礎を解説した「教育方法」用のテキスト。授業設計について深めたい人にまずおすすめする本。鈴木が4項目担当している。

■沼野一男（1986）『情報化社会と教師の仕事』国土社の教育選書8

　　日本における授業設計論の先駆者が，これからの教師に求められている基礎についてわかりやすく解説した本。積極的にさまざまな教育方法を求めていく姿勢が必要と説く。

■水越敏行（1991）『メディアを活かす先生』図書文化

　　日本における放送・視聴覚教育の実践的研究をリードしてきた著者が，これまでのメディア利用をふり返って今何が求められているかをやさしく語りかける本。コンピュータへの抵抗は，教師主導の画一一斉教育を保存する力学によるものだと指摘している。

■ガニェ・ウェイジャー・ゴラス・ケラー（2007）『インストラクショナルデザインの原理』北大路書房

　　本書でIDに関心を持った読者が次に読むべき本。ガニェのID理論が詳細にわたって述べられている。

索引

あ行

アンケート　131
アンケート用紙　103

生きる力　146
1対1評価　116, 120
意図的教育観　154
印象　48
インストラクショナルデザイン　14

運動技能　45, 53, 65, 71, 87
運動領域　43

SD法　48
LVR　113

か行

階層分析　64
外的条件　79
学習課題の種類　43, 53, 71, 87
学習者検証の原則　115
学習の指針　79
学習目標　24, 80, 84
学習目標の明確化　16, 27
課題分析　17, 62, 69, 71, 83, 85
家庭教師　156
観察　47
観察プラン　103, 132
完全習得学習　24

基準準拠テスト　41
9教授事象　79
教材　2, 95, 101
教材開発　18

教材の改善　130
教材の責任範囲　27
教材の4条件　3
教材パッケージ　100
協力者　3

クラスター分析　63

経過時間記録用紙　103, 131
形成的評価　18, 114, 131
形成的評価の7つ道具　101, 117
言語情報　44, 53, 62, 71, 87

合格基準　30
行動の意図　48
コスト効果　134

さ行

時間モデル　23
自己研鑽　153
事後テスト　25, 102, 131
システム的なアプローチ　14
事前テスト　25, 102
実技テスト　45
実地テスト　119
指導方略　17, 84, 87, 133
集団準拠テスト　41
順序性　64
情意領域　43
小集団評価　118
情報活用能力　146
ジョン・B・キャロル　23

制御　97

整合性　42
成功的教育観　154
絶対評価　41
セルフチェック　99
前提条件　26, 64, 79, 84
前提テスト　26, 102
総括的評価　115
相対評価　41

た行

態度　46, 53, 67, 71, 87
チェックリスト　46
知的技能　44, 53, 64, 71, 87
チャンク　82, 85
注意　79, 80
出入口　16, 53, 133
手順分析　65
展開　78, 81
点検者　4
動機づけ　84
導入　78, 80, 84
独学　147
独学を支援する　2
トライ＆エラー　15

な行

認知領域　43
沼田一男　154

は行

評価条件　30
フィードバック　79, 81
Plan-Do-See　14
プリント教材　96
ペーパーテスト　49
弁別力　42

ま行

まとめ　78, 81
見やすさ　98
目標行動　28

ら行

リーダーシップ　152
ロバート・M・ガニェ　44, 64, 77

わ行

わかりやすさ　98

●著者略歴●

鈴木克明（すずき　かつあき）

1959年千葉県生まれ
国際基督教大学教養学部（教育学科），同大学院を経て
米国フロリダ州立大学大学院博士課程修了，Ph.D.（教授システム論）

東北学院大学教養学部，岩手県立大学ソフトウェア情報学部を経て
現在：熊本大学大学院社会文化科学研究科教授システム学専攻・教授
専門：教育工学，視聴覚・放送教育，情報教育
主著：放送利用からの授業デザイナー入門（日本放送教育協会）
　　　高度情報化社会の学校（ぎょうせい）
　　　教育工学を始めよう（北大路書房）
　　　インストラクショナルデザインの原理（北大路書房）
　　　学習意欲をデザインする（北大路書房）
　　　授業設計マニュアル（北大路書房）など

教材設計マニュアル
―独学を支援するために―

2002年 4 月10日　初版第 1 刷発行
2021年 2 月20日　初版第15刷発行

定価はカバーに表示してあります。

著　者　　鈴　木　克　明
発行所　　㈱北大路書房
　　　　〒603-8303　京都市北区紫野十二坊町12-8
　　　　電　話　(075) 431-0361㈹
　　　　Ｆ Ａ Ｘ　(075) 431-9393
　　　　振　替　01050-4-2083

©2002　　制作●ラインアート日向・華洲屋　　印刷・製本●㈱太洋社
検印省略　落丁・乱丁本はお取り替えいたします。
ISBN 978-4-7628-2244-5　　Printed in Japan

・ JCOPY 〈(社)出版者著作権管理機構 委託出版物〉
本書の無断複写は著作権法上での例外を除き禁じられています。
複写される場合は，そのつど事前に，(社)出版者著作権管理機構
（電話 03-5244-5088, FAX 03-5244-5089, e-mail: info@jcopy.or.jp）
の許諾を得てください。

■北大路書房のインターネット関連書■

●インターネットの光と影 Ver.6
－被害者・加害者にならないための情報倫理入門－
情報教育学研究会（IEC）・情報倫理教育研究グループ（編）
本体2000円+税

●改訂新版　インターネット講座
－ネットワークリテラシーを身につける－
有賀妙子・吉田智子・大谷俊郎（著）　本体2200円+税

●教室からのインターネットと挑戦者たち
－チャレンジキッズによる出合い・学び－
佐藤尚武・成田　滋・吉田昌義（編）　本体1900円+税

■心理学研究への基礎・必読書■

●心理学マニュアル　研究法レッスン
大野木裕明・中澤　潤（編）　本体1800円+税

●心理学マニュアル　観察法
中澤　潤・大野木裕明・南　博文（編）　本体1300円+税

●心理学マニュアル　質問紙法
鎌原雅彦・宮下一博・大野木裕明・中澤　潤（編）　本体1500円+税

●心理学マニュアル　面接法
保坂　亨・中澤　潤・大野木裕明（編）　本体1500円+税

●心理学マニュアル　要因計画法
後藤宗理・大野木裕明・中澤　潤（編）　本体1500円+税